Krystyna Kozak

Zwykła polska dziewczyna

Ein ganz gewöhnliches polnisches Mädchen

herausgegeben vom

Projekt „Zeitzeugen“ im Bistum Limburg

Krystyna Kozak

Zwykła polska dziewczyna
Ein ganz gewöhnliches polnisches Mädchen

Opowiadania z lat 1939-1945
Erzählungen aus den Jahren 1939-1945

Wypowiedź naocznego świadka z 25 maja 2010 r.
Eine Zeitzeugenrede vom 25. Mai 2010

przepisane, poprawione, z adnotacjami, ilustracjami i przedmową
transkribiert, überarbeitet, mit Anmerkungen, Illustrationen und Vorwort versehen
Marc Fachinger

z języka niemieckiego na język polski przełożyła
übertragen aus dem Deutschen ins Polnische
Paulina Czujko

Bibliografische Information der Deutschen Nationalbibliothek
Die Deutsche Nationalbibliothek verzeichnet diese Publikation in der
Deutschen Nationalbibliografie; detaillierte bibliografische Daten sind
im Internet über http://dnb.d-nb.de abrufbar.

Herstellung und Verlag
BoD - Books on Demand Norderstedt
ISBN: 978-3-7534-6468-8

Treść - Inhalt

Przedmowa

Polska i Niemcy mają bardzo różnorodną wspólną historię, a jednocześnie bardzo napiętą. W życiu zawsze mamy swobodę decydowania o tym, na co spojrzymy. A to, gdzie patrzymy, kształtuje nas, mówi Heinrich Spaemann.

Spojrzenie na tę historię w latach 1933 - 1945 jest bolesne. A jednak to spojrzenie otwiera przyszłość, w której ludzie razem szukają zrozumienia dla siebie nawzajem, Polacy i Niemcy.

Wyraźnie widać to w rozmowie z Krystyną Kozak.

Kiedy w maju 2010 roku nagrywano tę "rozmowę", Krystyna Kozak wielokrotnie odwiedzała już szkoły w Niemczech, aby opowiedzieć swoją historię. Odważyła się na podróż do "kraju sprawców". Nie było to dla niej łatwe, opowiada nam o tym w następującym tekście - i jest to aż nadto zrozumiałe.

W tej narracji, w tej "rozmowie" jest moment, w którym niemieccy uczniowie słuchali jeszcze uważniej niż na początku, następuje to dopiero pod sam koniec. Dotyczy to czasu lat 60-tych, ponad 20 lat po "strasznych latach 33-45"[1]. Krystyna Kozak mówi, że nie chciała wybaczać z powodu całego bólu i tego wszystkiego, co spotkało ją i jej rodzinę. I wtedy przypomina sobie, że tak, jako polscy katolicy, codziennie odmawiają Modlitwę Pańską. "Jeśli dobry Bóg ma mi przebaczyć moje winy, to z pewnością ja też muszę przebaczyć innym... i tak też postąpiłam. Nie mam nienawiści do was, Niemców".

Vorwort

Polen und Deutschland haben eine sehr vielfältige gemeinsame Geschichte und zugleich eine sehr belastete. Immer im Leben haben wir die Entscheidungsfreiheit, wohin wir schauen. Und wohin wir schauen, das prägt uns, sagt Heinrich Spaemann.

Auf diese Geschichte in den Jahren 1933 – 1945 zu schauen ist schmerzlich. Und doch eröffnet dieser Blick eine Zukunft, in der Menschen gemeinsam einander zu verstehen suchen, Polen und Deutsche.

Das wird in diesem „Gespräch" von Krystyna Kozak überdeutlich.

Als dieses „Gespräch" im Mai 2010 aufgezeichnet wurde, war Krystyna Kozak schon oft in Deutschland zu Besuch in Schulen gewesen, um ihre Geschichte zu erzählen. Sie hatte den Schritt gewagt, in das „Land der Täter" zu reisen. Es ist ihr nicht leicht gefallen, das erzählt sie im Folgenden – und es ist nur zu gut verstehen.

In dieser Erzählung, in diesem „Gespräch" gibt es eine Stelle, an der die deutschen Schüler*innen noch einmal genauer hingehört haben, auch wenn diese erst gegen Ende kommt. Es betrifft die Zeit der 1960er Jahre, über 20 Jahre nach den „furchtbaren Jahren 33-45".[6] Krystyna Kozak sagt, dass sie nicht vergeben wollte, wegen aller Schmerzen und all dem, was ihr und ihrer Familie geschah. Und dann erinnert sie sich, dass sie ja als polnische Katholiken jeden Tag das Vaterunser bete. „Wenn der liebe Gott meine Schuld vergeben soll, muss ich doch auch den anderen vergeben... und ich habe es getan. Ich

---

[1] Tak ujął to Fritz Bauer, główny prokurator Hesji, który umożliwił proces oświęcimski we Frankfurcie.

[6] So hat es Fritz Bauer, der hessische Generalstaatsanwalt, der maßgeblich die Frankfurter Auschwitzprozesse ermöglicht hat, formuliert.

To brzmi tak prosto, jednak wszyscy, którzy znają moc przebaczenia wiedzą, że jest to często bardzo trudne, bardzo trudną drogą do pokonania.

Tę drogę przeszła Krystyna Kozak i nie tylko ja jestem jej za to wdzięczny.

W maju 2002 r. poznałem Krystynę Kozak (ur. 1928 r. w Grudziądzu/Polska). Pracowałem jako asystent duszpasterski w katolickiej parafii. Parafia ta przeznaczyła swój coroczny projekt na rzecz Maximilian-Kolbe-Werk. Maximilian-Kolbe-Werk we Freiburgu zawdzięcza swoje powstanie bezpośrednio historii polsko-niemieckiego pojednania. W 1964 r. odbyły się pierwsze spotkania w byłym obozie koncentracyjnym Auschwitz w Oświęcimiu, gdzie w 1941 r. został zamordowany Maksymilian Kolbe. Od 1973 r. dzieło to opiekuje się wschodnioeuropejskimi ocalałymi z nazistowskiego terroru, a od lat 2000 w coraz większym stopniu sprowadza do Niemiec współczesnych świadków, zwłaszcza z Polski.

W kontekście takiego współczesnego spotkania świadków, w 2002 roku do Königstein miało przyjechać polskie małżeństwo. Jednak w krótkim czasie mąż zachorował. Tak więc, po telefonicznej konsultacji z Maximilian-Kolbe-Werk, Krystyna Kozak spontanicznie zastąpiła małżeństwo.

Przyjechała wtedy z Grudziądza (niemiecka nazwa - nie tylko 1939-1945 - to Graudenz) pociągiem przez Frankfurt nad Menem do Königstein do klasztoru urszulanek, gdzie przenocowała. Nicola Lauer, parafianka, odebrała ją wtedy z dworca głównego we Frankfurcie. Pamięta, że telefonicznie umówiła się z panią Kozak, że na peronie

habe keinen Hass auf euch Deutsche."
Was so einfach klingt, weiß der, der die Kraft der Vergebung kennt, als einen oft mühevollen und langen Weg.

Krystyna Kozak ist diesen Weg gegangen und nicht nur dafür bin ich ihr dankbar.

Im Mai 2002 lernte ich Krystyna Kozak (geb. 1928 in Grudziądz/Polen) kennen. Ich arbeitete als Pastoralreferent in einer katholischen Kirchengemeinde. Diese hatte ihr Jahresprojekt dem Maximilian-Kolbe-Werk gewidmet. Das Maximilian-Kolbe-Werk in Freiburg verdankt seine Entstehung unmittelbar der Geschichte der deutsch-polnischen Aussöhnung. 1964 kam es zu ersten Begegnungen im ehemaligen Konzentrationslager Auschwitz in Oświęcim, wo Maksymilian Kolbe 1941 ermordet wurde. Seit 1973 kümmert sich dieses Werk um osteuropäische Überlebende des NS-Terrors und vermittelt zunehmend seit den 2000er Jahren Zeitzeug*innen, vor allem aus Polen nach Deutschland.

Im Rahmen einer solchen Zeitzeugenbegegnung sollte ein polnisches Ehepaar 2002 nach Königstein kommen. Der Ehemann wurde jedoch kurzfristig krank. So sprang, nach telefonischer Rücksprache mit dem Maximilian-Kolbe-Werk, kurzfristig und spontan Krystyna Kozak ein.

Sie kam damals aus Grudziądz (die deutsche Bezeichnung – nicht nur 1939-1945 - lautet Graudenz) mit dem Zug über Frankfurt/Main nach Königstein zum Ursulinenkloster, wo sie übernachtete. Nicola Lauer, ein Kirchengemeindemitglied, holte sie damals am Frankfurter Hauptbahnhof ab. Sie erinnert sich, dass sie telefonisch mit Frau Kozak ausgemacht hätte, sie sei am Gleis an einem

będzie można ją rozpoznać po czerwonym anoraku i warkoczu włosów. Czekając tam na peronie na Krystynę Kozak, myślała o tym, o czym mogłaby z nią porozmawiać, co nie brzmiałoby banalnie. Czy powinna zapytać, czy miała udaną podróż? Potem, w samochodzie, pani Kozak natychmiast rozpoczęła rozmowę i powiedziała, że bardzo się cieszy, że zobaczy Frankfurt. W 1939 r. niemiecki oficer z Frankfurtu pomógł jej matce przy narodzinach najmłodszego brata, dostarczając ubrania z Niemiec.

Tak, pani Kozak nigdy nie utrudniała spotkania z nią jako osobą, która przeżyła hitlerowski terror z bolesnymi doświadczeniami. Nawet nie w 2002 r., kiedy rozpoczęła się jej praca jako współczesny świadek w szkołach i instytucjach kościelnych (przez te wszystkie lata była w szkołach w Ibbenbüren, Kassel lub Menden, a także w Taunus), ani nawet w 2011 r., kiedy po raz ostatni mogłem ją gościć w Hochtaunusschule Oberursel jako polskiego współczesnego świadka przez tydzień.

Historię życia Krystyny Kozak słyszałem chyba ponad 20 razy i miałem szczęście usłyszeć więcej szczegółów podczas wspólnych przejażdżek samochodem. Niektóre historie opowiadała za każdym razem, inne pojawiały się od czasu do czasu. Zależało to zawsze od czasu, jakim dysponowała i oczywiście od pytań, jakie zadawali jej uczniowie. Wiem z tych opowieści o podróżach samochodowych, że pozostały jeszcze złe doświadczenia, które nie zostały wymienione w tej pisemnej "rozmowie". Jej siostrzeniec Jan Wilamowski napisał do mnie w marcu, że opowiedziała jemu jeszcze wiele strasznych szczegółów. Zrozumiałe staje się więc także - i dotyczy to

roten Anorak und einem Haarzopf erkennbar. Während sie dort am Bahnsteig auf Krystyna Kozak wartete, dachte sie darüber nach, was sie wohl mit ihr reden könne, was nicht belanglos und banal klänge. Sollte sie danach fragen, ob sie eine gute Reise gehabt hätte? Im Auto dann begann Frau Kozak gleich das Gespräch und sagte, sie freue sich riesig Frankfurt zu sehen. 1939 habe ein deutscher Offizier aus Frankfurt ihre Mutter bei der Geburt des jüngsten Bruders mit Kleidung aus Deutschland unterstützt.

Ja, Frau Kozak machte es einem nicht schwer, dass man ihr als einer Überlebender des NS-Terrors mit leidvollen Erfahrungen gegenüberstand. Schon 2002 nicht, als ihre Arbeit als Zeitzeugin an Schulen und kirchlichen Institutionen begann (sie war in all diesen Jahren u.a. an Schulen in Ibbenbüren, Kassel oder Menden und eben auch im Taunus) und auch nicht 2011, als ich sie das letzte Mal an der Hochtaunusschule Oberursel als polnische Zeitzeugin für eine Woche begrüßen durfte.

Die Lebensgeschichte von Krystyna Kozak habe ich sicherlich über 20-mal gehört und hatte das Glück auf Autofahrten mit ihr weitere Einzelheiten zu erfahren. Manche Geschichten erzählte sie immer, andere kamen ab und an vor. Das hing auch immer stark von der Zeit ab, die ihr zur Verfügung stand und natürlich auch von den Fragen, die Schüler*innen ihr stellten. Ich weiß von diesen Erzählungen auf Autofahrten, dass es noch schlimme Erfahrungen gibt, die in diesem schriftlichen „Gespräch" nicht erwähnt sind. Ihr Neffe Jan Wilamowski schrieb mir im März, dass sie ihm noch viel mehr grausame Einzelheiten erzählt hätte.

chyba w różnym stopniu wszystkich współczesnych świadków - to, co Krystyna Kozak mówi we wstępie do swojego życiorysu: "Rana wciąż krwawi". Prawdopodobnie nigdy nie będziemy w stanie w pełni uchwycić tego doświadczenia dla przyszłych pokoleń.

Pani Kozak zawsze starała się opowiadać tylko to, co sama przeżyła lub co przekazała jej matka. Wszystko to, o czym opowiada w tym wydaniu, jest oparte na historycznych faktach. Podkreślają to również ilustrujące, zdjęcia i dokumenty, z których część została na nowo dołączona do polskiego wydania.

Krystyna Kozak spędziła siedem miesięcy w "rodzinnym obozie pracy" w Potulicach. W latach 1941-1945 więziono tam ponad 25 tys. Polaków, z których zmarło 1 297 (imiennie, w tym 581 dzieci do lat 5)[2].

W sierpniu 2019 r. po raz czwarty odwiedziłem Oświęcim i miejsce pamięci obozu koncentracyjnego Auschwitz-Birkenau. Na wystawie krajowej Polski w "Stammlager" znalazłem plakat "karnej egzekucji w

So wird auch verständlich – und das gilt wohl für alle Zeitzeugen in unterschiedlicher Ausprägung –, was Krystyna Kozak einführend zu ihrer Lebensgeschichte sagt: „Die Wunde blutet noch immer." Diese Erfahrung werden wir nachkommenden Generationen wohl nie in ihrer ganzen Tragweite erfassen können.

Frau Kozak hat immer Wert daraufgelegt, nur das zu erzählen, was sie selbst erlebt oder ihre Mutter ihr erzählt hatte. Und alles, was sie im Folgenden erzählt, lässt sich historisch nachweisen. Das unterstreichen auch die illustrierenden Fotografien und Dokumente, von denen einige neu in diese polnische Auflage aufgenommen wurden.

Sieben Monate war Krystyna Kozak im „Familienarbeitslager" Potulice. Dort waren in den Jahren 1941 – 1945 über 25.000 Polen inhaftiert, von denen 1.297 (namentlich, darunter 581 Kinder unter fünf Jahren) starben.[7]

Im August 2019 war ich zum vierten Mal in Oświęcim und der KZ-Gedenkstätte Auschwitz-Birkenau. In der Länderausstellung

---

[2] Tak Helga Hirsch, Rache ist eine Krankheit. Por. także polski film dokumentalny z 1999 roku Casus "Potulice". Por. także Małgorzata Grabowska, et al. Potulice - jedno miejsce, dwie pamięci, Oldenburg - Toruń 2009. W: Polski Związek Byłych Więźniów Politycznych Hitlerowskich Więzień i Obozów Koncentracyjnych 6.1.2005 podana jest liczba 60.000 Polaków uwięzionych i około 5.500 Polaków zabitych. Domyślam się, że zsumowano liczby Polaków więzionych tam w latach 1941-1945 (ok. 25 tys., z ok. 1300 zabitymi) i Niemców więzionych tam w latach 1945-1950 (ok. 35 tys., prawie z 5000 zabitych). Film dokumentalny z 2018 roku o obozie pracy w Potulicach stwierdza na końcu: "21 stycznia 1945 roku w ewidencji obozu było 11 188 osób. W rejestrach zgonów odnotowano 1297 osób, w tym 767 dzieci." Dalej jednak czytamy: "Liczba więźniów w obozie w Potulicach i liczba osób, które tam zginęły, pozostaje trudna do udowodnienia."

[7] So bei Helga Hirsch, Rache ist eine Krankheit. Vgl. auch den polnischen Dokumentarfilm von 1999, Casus „Potulice". Ebenso vgl. auch Małgorzata Grabowska, et al. Potulice – ein Ort, zwei Erinnerungen, Oldenburg – Toruń 2009 In: Polski Związek Byłych Więźniów Politycznych Hitlerowskich Więzień i Obozów Koncentracyjnych 6.1.2005 wird eine Zahl von 60.000 inhaftierten und etwa 5.500 zu Tode gekommenen Polen genannt. Meine Vermutung ist, dass hier die Zahlen der von 1941-1945 dort inhaftierten Polen (ca. 25.000, bei rund 1.300 Toten) und der von 1945-1950 dort inhaftierten Deutschen (ca. 35.000, bei knapp 5.000 Toten) zusammengerechnet wurden. In einer Filmdokumentation über das Arbeitslager Potulice von 2018 heißt es am Ende: „Am 21. Januar 1945 befanden sich 11.188 Personen in den Aufzeichnungen des Lagers. Die Sterberegister verzeichneten 1297 Personen, darunter 767 Kinder." Weiter heißt es dort aber auch: „Die Zahl der Häftlinge des Lagers in Potulice und der Menschen, die dort gestorben sind, ist nach wie vor schwer zu belegen."

Graudenz" (Grudziądz) 10 zakładników. Pani Kozak ucieszyła się z mojej telefonicznej wiadomości o tym znalezisku. O plakacie nie wiedziała nic, jedynie opowieść matki o pierwszej dziesiątce nieopatrznie rozstrzelanych w czasie wojny na rynku w Grudziądzu zakładników (por. str. 30).

Krystyna Kozak trzykrotnie gościła w Hochtaunusschule Oberursel jako współczesny świadek. W dniu 25 maja 2010 r. miałem okazję nagrać to, co powiedziała, za co chciałbym podziękować Michaelowi Mannowi, który przyniósł sprzęt techniczny i był odpowiedzialny za nagranie. Chciałbym również podziękować wszystkim tym, którzy towarzyszyli i wspierali Krystynę Kozak podczas jej pobytu w Niemczech: a mianowicie Nicoli Lauer z Elisabethenschule Hofheim, która również przeczytała wcześniej manuskrypt, mojemu dawnemu koledze Peterowi Appelrathowi, który do dziś opiekuje się panią Kozak, oraz Heinzowi Massothowi w imieniu pracowników Hochtaunusschule. Dziękuję Maximilian-Kolbe-Werk, który do dziś wytrwale dba o to, byśmy mogli pytać "ostatnich świadków".[3] Z imienia i nazwiska chciałbym wymienić referentkę dr. Danutę Teresę Konieczny oraz dyrektora zarządzającego dypl.-teol. Christopha Kulessę.

Wreszcie i przede wszystkim dziękuję Krystynie Kozak, która od dłuższego czasu nie

Polens im „Stammlager" fand ich das Plakat zu einer „Strafexekution in Graudenz" (Grudziądz) von 10 Geiseln. Frau Kozak hat meine Nachricht von diesem Fund am Telefon gefreut. Sie wusste von dem Plakat nichts, nur die Erzählung ihrer Mutter von den ersten zehn wahllos Erschossenen des Krieges auf dem Marktplatz in Grudziadz (vgl. Seite 30).

Krystyna Kozak war dreimal als Zeitzeugin zu Gast an der Hochtaunusschule Oberursel. Am 25.Mai 2010 ergab sich die Gelegenheit, das, was sie erzählte aufzunehmen, wofür ich Michael Mann, der das technische Equipment mitbrachte und für die Aufnahme verantwortlich war, herzlich danke. Ich danke hier auch allen, die Krystyna Kozak in der Zeit ihrer Aufenthalte in Deutschland begleitet und unterstützt haben: namentlich Nicola Lauer, Elisabethenschule Hofheim, welche auch das Manuskript vorab gelesen hat, meinem ehemaligen Kollegen Peter Appelrath, der sich bis heute um Frau Kozak sorgt, sowie Heinz Massoth im Namen des Kollegiums der Hochtaunusschule. Mein Dank geht an das Maximilian-Kolbe-Werk, welches bis heute unermüdlich dafür sorgt, dass wir die „letzten Zeugen"[8] noch fragen können. Namentlich seien hier dessen Referentin Dr. Danuta Teresa Konieczny und dessen Geschäftsführer Dipl.-Theol. Christoph Kulessa genannt.

Zu allerletzt und zu allererst gilt mein Dank Krystyna Kozak, die schon lange nicht mehr reisen kann, an den Folgen der

---

[3] Na stronie www.maximilian-kolbe-werk.de/unsere-arbeit/ podano, że w Polsce i innych krajach Europy Środkowo-Wschodniej żyje jeszcze ponad 18 tysięcy byłych więźniów niemieckich obozów koncentracyjnych i gett.

[8] Auf der Website www.maximilian-kolbe-werk.de/unsere-arbeit/ heißt es, dass in Polen und anderen Ländern Mittel- und Osteuropas noch über 18.000 ehemalige Häftlinge deutscher Konzentrationslager und Ghettos leben.

może podróżować, nadal odczuwa skutki warunków więziennych w Potulicach, nie tylko fizyczne, a od grudnia 2020 roku mieszka w domu spokojnej starości. Po przesłaniu jej pocztą przepisanego niemieckiego raportu, w marcu 2020 r. telefonicznie zezwoliła mi na jego wykorzystanie i uporządkowanie według własnego uznania.

W rozmowie telefonicznej w lutym 2021 r. powiedziała mi, że pytano ją, kiedy ta książka ukaże się po polsku.

Ja odebrałem to jako pytanie do mnie.

Szybko uzgodniłem z jej siostrzeńcem Janem Wilamowskim, że można to zrobić. Z pomocą internetowego tłumacza deepL, którego w sierpniu 2019 r. polecił mi polski kolega, powstał pierwszy, wstępny szkic. Następnie Paulina Czujko, studentka z Berlina, zajęła się redakcją tego tłumaczenia i przełożyła je na zrozumiały język polski.

Serdecznie dziękuję im obu, Janowi Wilamowskiemu i Paulinie Czujko.

Ta pisana "rozmowa" jest w miarę możliwości próbą zachowania jej "niemieckiego stylu narracji" i jego udostępnienia polskiemu czytelnikowi - z podtytułami i przypisami uzupełniającymi jak w wydaniu niemieckim.

Wiem, że w ostatnich latach powstało w Polsce wiele takich relacji z lat 1933-1945. Wszystkie z nich są ważne. I za każdym razem jest to imponujące, jak ludziom udaje się opowiedzieć swoją historię i spisać ją, często po długich dziesięcioleciach milczenia. Są znani współcześni świadkowie, jak Pani Judith Weinberger (Rosenberg), Pani Lonka Nass lub Pan David Lenga, którzy dopiero w liście pożegnalnym w wieku 90 lat lub krótko przed śmiercią opowiedzieli, co ich spotkało.

Haftbedingungen von Potulice bis heute nicht nur körperlich leidet und seit Dezember 2020 in einem Altenheim lebt. Sie hat mir, nachdem ich ihr den transkribierten deutschen Bericht per Post zugeschickt hatte, im März 2020 telefonisch die Erlaubnis gegeben, damit zu machen und ihn so zu gestalten, wie ich es für richtig halte.

In einem Telefonat im Februar 2021 sagte sie mir, dass sie gefragt worden sei, wann dieses Buch in Polnisch erscheine.

Ich habe dies auch als Frage an mich gehört.

Mit ihrem Neffen Jan Wilamowski war ich mir schnell einig, dass das zu schaffen sei. Mithilfe des online-Übersetzers deepL, die mir ein polnischer Kollege im August 2019 empfohlen hatte, entstand eine erste Rohfassung. Paulina Czujko, eine Studentin in Berlin, hat dann das Redigieren dieser Übersetzung übernommen und in ein gut verständliches Polnisch übertragen. So gilt mein Dank auch diesen beiden, Jan Wilamowski und Paulina Czujko, ganz herzlich.

Dieses schriftlich niedergelegte „Gespräch“ ist der Versuch, ihren „deutschen Erzählstil“ soweit möglich beizubehalten und für polnische Leser*innen zugänglich zu machen – mit Zwischenüberschriften und ergänzenden Anmerkungen wie in der deutschen Ausgabe.

Ich weiß, dass in Polen in den letzten Jahren viele solcher Berichte aus den Jahren 1933-1945 entstanden sind. Alle sind sie wichtig. Und es ist immer beeindruckend, wie es Menschen schaffen, oft nach langen Jahrzehnten des Schweigens ihre Geschichte zu erzählen und aufzuschreiben. Es gibt bekannte Zeitzeuginnen wie Judith Weinberger (Rosenberg), Lonka Nass oder David Lenga, die erst mit 90 Jahren oder kurz vor ihrem Tod in einem Abschiedsbrief

O obozie pracy w Potulicach powstało w ostatnich latach kilka filmów dokumentalnych (pisanych i kinowych).[4] W odróżnieniu od źródeł polskojęzycznych, niemieckojęzyczne źródła bardziej interesują się historią tego obozu po 1945 r., kiedy w Potulicach internowano ponad 35 tys. Niemców, w kontekście wypędzenia Niemców z Europy Środkowo-Wschodniej.[5] Pod okupacją niemiecką zginęło ok. 5,5 mln Polaków, w tym blisko 3 mln Żydów. W przypadku wielokrotnego wskazania na zbrodnie przeciwko Niemcom w kontekście historii ucieczki i wypędzenia, przez pewne kręgi polityczne, zwłaszcza w Niemczech, można o tym powiedzieć dwie rzeczy:

Po pierwsze, wśród niemieckich stowarzyszeń wysiedleńców krążą bardzo różne dane dotyczące liczby Niemców, którzy zginęli podczas ucieczki.

Po drugie, nigdy nie można relatywizować cierpienia. Każdy, kto tak czyni, niczego nie zrozumiał. Niestety, stowarzyszenia wypędzonych bardzo często jednostronnie postrzegają wydarzenia po 1944/1945 roku i zapominają o związku przyczynowo-skutkowym.

Dużo mówiło się o pamięci i jej sile, zwłaszcza w minionym roku 2020, w którym

erzählten, was ihnen geschehen war.

Vom Arbeitslager Potulice sind in den letzten Jahren einige Dokumentationen (schriftlicher und filmischer Art) erschienen.[9] Im Gegensatz zu den polnischsprachigen Quellen interessieren sich die deutschsprachigen mehr für die Geschichte dieses Lagers nach 1945, als in Potulice über 35.000 Deutsche interniert waren, im Kontext der Vertreibung Deutscher aus Mittel- und Osteuropa.[10]

Rund 5,5 Millionen Polen starben unter der deutschen Besatzung, darunter knapp 3 Millionen Juden.

Wenn aus gewissen politischen Kreisen vor allem in Deutschland im Umfeld der Geschichte von Flucht und Vertreibung immer wieder auf Verbrechen an Deutschen hingewiesen wird, dann lässt sich zweierlei dazu sagen:

zum einen kursieren unter deutschen Vertriebenenverbänden sehr unterschiedliche Zahlen bezüglich auf der Flucht umgekommener Deutscher.

Zweitens darf es nie um Relativierung von Leid gehen. Wer dies tut hat nichts verstanden. Vertriebenenverbände haben leider eine oft sehr einseitige Sicht auf die Ereignisse nach 1944/1945 und vergessen gerne den Zusammenhang von Ursache und Wirkung.

Über Erinnerung und die Kraft der Erinnerung ist viel gesagt worden, gerade im

---

[4] por. także literaturę i źródła

[5] Rzeczowo podaje https://tygodnikbydgoski.pl, wydarzenia w obozie pracy w Potulicach: "Po wojnie komuniści utworzyli w obozie w Potulicach Centralny Obóz Pracy dla Niemców, w którym byli oni przetrzymywani do czasu przesiedlenia do Niemiec."

[9] vgl. auch die Literatur- und Quellenhinweise

[10] Nüchtern heißt es bei https://tygodnikbydgoski.pl, Ereignisse im Arbeitslager Potulice: „Nach dem Krieg richteten die Kommunisten im Lager in Potulice das Zentrale Arbeitslager für Deutsche ein, wo sie bis zu ihrer Umsiedlung nach Deutschland festgehalten wurden.“

przypomniano nam o 75. rocznicy wyzwolenia obozu koncentracyjnego Auschwitz i zakończenia II Wojny Światowej.

H. G. Adler pisze na końcu swojej książki "Theresienstadt 1941-1945" (s. 682):

"Nieuczenie się niczego z historii jest smutnym uświadomieniem faktu, że nie uczymy się wystarczająco dużo, ale wszystko, czego ludzkość kiedykolwiek się nauczyła, zawdzięcza wyłącznie historii (...) Człowiek jest wszystkim w swojej historii".

Grudziądz/Königstein, w marcu/kwietniu 2021,

vergangenen Gedenkjahr 2020, in dem wir an 75 Jahre Befreiung des Konzentrationslagers Auschwitz und Ende des II. Weltkriegs erinnert wurden.

H. G. Adler schreibt am Ende seines Buches „Theresienstadt 1941-1945" (S. 682):

„Nichts aus der Geschichte lernen steht als traurige Erkenntnis dafür da, daß wir nicht genügend lernen, aber alles, was die Menschheit je gelernt hat, verdankt sie ausschließlich der Geschichte (...) Der Mensch ist alles in seiner Geschichte."

im März/April 2021, Marc Fachinger

Przedmowa do wydania polsko-niemieckiego[11]

Krystyna Kozak, urodzona w 1928 roku w Graudenz w Polsce, przeżyła w czasie II Wojny Światowej bolesne doświadczenia. Jako ocalała z narodowosocjalistycznego terroru, rozpoczęła swoją pracę jako współczesny świadek po przełomie tysiącleci. Odwiedzała szkoły i instytucje kościelne, trzykrotnie także szkołę Hochtaunusschule Oberursel, aby opowiedzieć uczniom szkół zawodowych historię swojego życia z lat 1939-1945. To, co przedstawiła, zostało przepisane, starannie zrewidowane, opatrzone starannymi przypisami dla orientacji czytelników, zilustrowane, uzupełnione wdzięcznymi podziękowaniami uczniów, a teraz także opublikowane - [po raz pierwszy] w okolicznościowym roku 2020, w którym dzień wyzwolenia powrócił po raz 75.

Książka jest przede wszystkim zasługą Krystyny Kozak - i nakłania mnie do rezonansu: nawet jeśli podejrzewam, że obecność i charyzma pani Kozak na żywo odnosi inny skutek niż lektura tego atrakcyjnie opracowanego tekstu z pomocnymi przypisami, to zebrane w niej nieszczęście, przeżycia i doświadczenia także w ten sposób stają mi się bardzo bliskie. Myślę na przykład o dwóch rodzinach, które po wielu latach sąsiedzkich relacji i obustronnej przyjaźni, zostają dosłownie z dnia na dzień rozdzielone przez wojnę i stają się dla siebie wrogami; o ojcu, który w niekończącej się rozpaczy, w jaką

Geleitwort zur deutsch-polnischen Ausgabe[12]

Krystyna Kozak, geboren im Jahr 1928 im polnischen Graudenz, hat in der Zeit des Zweiten Weltkriegs leidvolle Erfahrungen hinnehmen müssen. Als Überlebende des nationalsozialistischen Terrors begann sie nach der Jahrtausendwende ihre Arbeit als Zeitzeugin. Sie besuchte Schulen und kirchliche Institutionen, dreimal auch die Hochtaunusschule Oberursel, um beruflichen Schüler*innen ihre Lebensgeschichte aus den Jahren 1939–1945 anzuvertrauen. Was sie vortrug, konnte transkribiert, sorgfältig revidiert, zur Orientierung der Leser*innen behutsam kommentiert, bebildert, um dankbare Rückmeldungen der Schüler*innen ergänzt und nun auch veröffentlicht werden – [zum ersten Mal] im Gedenkjahr 2020, in dem der Tag der Befreiung zum 75. Mal wiederkehrte.

Das Buch verdankt sich in erster Linie Krystyna Kozak – und drängt mich zu einer Resonanz: Auch wenn ich ahne, dass Frau Kozak mit leibhaftiger Präsenz und Ausstrahlung nochmals anders wirkt als die Lektüre dieses ansprechend aufbereiteten und mit hilfreichen Anmerkungen versehenen Textes, kommen mir die Abgründe, die Erlebnisse und die Erfahrungen, die darin versammelt sind, auch auf diese Weise sehr nahe. Dabei denke ich etwa an die beiden Familien, die nach vielen Jahren beidseitig gepflegter Nachbar- und Freundschaft buchstäblich über Nacht kriegsbedingt entzweit und einander zu Feinden werden; an

---

[11] Pobrane za uprzejmą zgodą z: Wege zum Menschen, (1) 2021, 87f. Podziękowania dla pana Güntera Prestinga, kierownika programu Psychologia|Szkoła|Pedagogika|Praca socjalna|Wspólnota Böhlau, Getynga.

[12] Mit freundlicher Genehmigung entnommen aus: Wege zum Menschen. Zeitschrift für Seelsorge und Beratung, heilendes und soziales Handeln, (1) 2021, 87f. Danke an Herrn Günter Presting, Programmleitung Psychologie|Schule|Pädagogik|Soziale Arbeit|Gemeinde bei BRILL Deutschland GmbH, Vandenhoeck & Ruprecht | Böhlau, Göttingen.

wpędzają go rządzący, zabija własnego syna; o opowieści o cieniutkiej jak nitka kiełbasie i dylemacie, jaki powstaje dla głodnej siostry w relacji z bratem, z którym chce się nią podzielić.

Jej współczesne świadectwo od razu mnie urzeka i bardzo porusza: Dzięki odwadze, z jaką pani świadek dzieli się swoją historią z uczniami, oraz dzięki użyciu - w najlepszym tego słowa znaczeniu - prostego stylu narracji, jawi się ona jako bardzo autentyczna, bardzo wiarygodna, jako "bardzo zwyczajna polska dziewczyna", która chce zostać wysłuchana – która wyciąga do nas rękę z chęcią przebaczenia i pojednania – i dlatego musi być nadal wysłuchana.
W drugiej kolejności, zawdzięczamy tę książkę o bolesnych i wstrząsających doświadczeniach Marcowi Fachingerowi, wydawcy tej książki. Jako doradca duszpasterski poznał Krystynę Kozak w parafii, jako nauczyciel religii zaprosił ją do szkoły Hochtaunus, jako szef Urzędu ds. Katolickiego Wychowania Religijnego w okręgu Limburg [i jako szef projektu " Zeitzeugen " w diecezji Limburg] wydaje teraz tę książkę: Polecam zapoznanie się z tą publikacją, z Krystyną Kozak, z jej osobistym i jednocześnie politycznym przesłaniem, wszystkim (...), którzy pracują w szkołach i innych instytucjach edukacyjnych.

Prof. DDr. Klaus Kießling
Dyrektor Seminarium Edukacji Religijnej, Katechetyki i Dydaktyki oraz Instytutu Psychologii Pastoralnej i Duchowości,
Uniwersytet Filozoficzno-Teologiczny we Frankfurcie nad Menem Sankt Georgen

den Vater, der in der unendlichen Verzweiflung, in die ihn die Machthaber treiben, seinen eigenen Sohn zu Tode bringt; an die Geschichte um ein hauchdünnes Wursträdchen und das Dilemma, das der hungrigen Schwester gegenüber ihrem Bruder entsteht, dem sie es schließlich überlässt.
Ihr Zeitzeugnis fesselt mich unmittelbar und bewegt mich sehr: Mit dem Mut, den die Zeugin aufbringt, wenn sie ihre Geschichte mit Schüler*innen teilt, und mit ihrem im allerbesten Sinne schlichten Erzählstil wirkt sie ganz echt, ganz glaubwürdig, eben wie „Ein ganz gewöhnliches polnisches Mädchen", das mit dem, was ihr widerfahren ist, gehört werden will – und mit ihrer ausgestreckten Hand, mit ihrer Versöhnungsbereitschaft weiterhin gehört werden muss.
In zweiter Linie verdankt sich diese Bündelung schmerzlicher und zum Himmel schreiender Erfahrungen Marc Fachinger, dem Herausgeber dieses Buches. Als Pastoralreferent lernte er Krystyna Kozak in einer Kirchengemeinde kennen, als Religionslehrer lud er sie an die Hochtaunusschule ein, als Leiter des Amts für katholische Religionspädagogik im Bezirk Limburg [und als Leiter des Projekts „Zeitzeugen" im Bistum Limburg] gibt er nun dieses Buch heraus: Die Auseinandersetzung mit dieser Veröffentlichung, mit Krystyna Kozak, mit ihrer persönlichen und zugleich politischen Botschaft lege ich allen (...) ans Herz, die an Schulen und anderen Bildungseinrichtungen wirken.

Prof. DDr. Klaus Kießling
Direktor des Seminars für Religionspädagogik, Katechetik und Didaktik, sowie des Instituts für Pastoralpsychologie und Spiritualität,
Philosophisch-Theologische Hochschule Frankfurt am Main Sankt Georgen

Wprowadzenie

Pozdrawiam Państwo bardzo serdecznie.
Jestem bardzo szczęśliwa, że zostałam zaproszona przez waszą szkołę, aby z wami porozmawiać. Muszę wam powiedzieć: to nie będzie wykład, ale rozmowa zwykłej dziewczyny, o zwykłej rodzinie.

Przede wszystkim muszę się przedstawić:
Nazywam się Krystyna Kozak, pochodzę z Polski, z Graudenz (Grudziądza), miasta położonego nad Wisłą, około 120 km od Gdańska.
Nie przyszłam tutaj, aby was oskarżać, aby znaleźć u was współczucie dla mnie, dla tego, co się wtedy wydarzyło. Nie, przyszłam pokazć wam, dokąd nienawiść może zaprowadzić ludzi, dokąd nienawiść może zaprowadzić naród.
Nie mówię wam tego, co przeczytałam, usłyszałam lub zobaczyłam w telewizji. Opowiadam tylko moją historię i historię mojej rodziny. Taka jest prawda. To wszystko prawda.
W moim wieku, po tak długim czasie, zapominam, gdzie wczoraj położyłam okulary. Ale to, co się wtedy wydarzyło, jest tak świeże w mojej pamięci, że mogę o tym opowiedzieć w każdej chwili. Nie da się o tym zapomnieć. Rana nadal krwawi. To był taki straszny czas.

Einführung

Ich grüße euch sehr herzlich.
Ich bin sehr froh, dass ich von eurer Schule eingeladen worden bin, um mit euch zu sprechen. Ich muss euch sagen: das wird kein Vortrag sein, sondern ein Gespräch, von einem ganz gewöhnlichen Mädchen, über eine gewöhnliche Familie.

Zuerst muss ich mich vorstellen:
Mein Name ist Krystyna Kozak, ich komme aus Polen, aus Graudenz (Grudziądz), die Stadt liegt an der Weichsel, etwa 120 km von Danzig entfernt.
Ich kam nicht hierher, um euch anzuklagen, um Beileid bei euch für mich zu finden, für das, was damals geschehen ist. Nein, ich kam, um euch zu zeigen, wohin Hass Menschen führen kann, wohin Hass ein Volk führen kann.
Ich erzähle nicht, was ich gelesen oder gehört, oder im Fernsehen gesehen habe. Ich erzähle nur die Geschichte meiner Familie und von mir. Das ist die Wahrheit. Das ist alles wahr.
In meinem Alter, nach so langer Zeit, vergesse ich, wohin ich gestern meine Brille hingelegt habe. Aber was damals geschehen ist, habe ich so frisch in Gedanken, dass ich jederzeit darüber erzählen kann. Das kann man nicht vergessen. Die Wunde blutet noch immer. Das war eine so schreckliche Zeit.

Czas przed 1939 rokiem

W moim mieście mieszkało przed wojną
wiele niemieckich rodzin.[13]   Nie chcieli
jechać do Niemiec. W naszym mieście mieli
dobrze. Myśleliśmy, że to normalne.
Niemcy mieli takie same prawa jak Polacy.
Niemcy mieli pracę i dostawali takie same
pensje jak Polacy. To było *słuszne*, ta sama
praca, ta sama płaca.

Die Zeit vor 1939

In meiner Stadt wohnten vor dem Krieg
viele deutsche Familien.[14] Sie wollten gar
nicht nach Deutschland. Sie hatten es gut in
unserer Stadt. Wir meinten, dass das
normal sei. Die Deutschen hatten dieselben
Rechte wie die Polen. Die Deutschen hatten
Arbeit, und bekamen denselben Lohn wie
die Polen. Das war recht so, dieselbe Arbeit
derselbe Lohn.

*Grudziądz, widok z (Blick vom) Wieży Klimek, 2 km na południe od twierdzy (südl v.d. Festung) - Twierdza
Grudziądz. Most na Wiśle został zniszczony przez Wojsko Polskie (Die Brücke über die Weichsel wurde von
der poln. Armee zerstört) w 1939 r., następnie odbudowany i zniszczony przez Armię Czerwoną (wieder
aufgebaut und von der Roten Armee zerstört in den Kämpfen) w 1945 r. podczas okrążania Grudziądza.*

---

[13] W 1921 r. na 33 520 mieszkańców Grudziądza, 6 940 było Niemcami, co stanowiło dobrą piątą część populacji. Por.
Brockhaus 1930, 685. Dane dotyczące liczby ludności w XX wieku są jednak w literaturze dość niespójne. W 1910 r. odsetek
ludności niemieckiej wynosił 84%. W 1920 r., po traktacie wersalskim, Graudenz został przekazany nowo niepodległej Polsce.

[14] 1921 waren von den 33.520 Einwohnern Grudziądz' 6.940 Deutsche, also gut ein Fünftel der Bevölkerung. Vgl. Brockhaus
1930, 685. Die Bevölkerungsangaben für das 20. Jahrhundert sind jedoch recht uneinheitlich in der Literatur. So soll im Jahr
1910 der Anteil der deutschen Bevölkerung bei 84% gelegen haben. 1920 wurde Graudenz nach dem Versailler Vertrag an das
wieder unabhängige Polen abgetreten.

Mieliśmy też niemieckie szkoły. Dzieci niemieckie chodziły do niemieckiej szkoły, dzieci polskie do polskiej szkoły. Byliśmy zaprzyjaźnieni z Niemcami, bardzo dobrze nam to szło. Niemcy przed wojną potrafili mówić po niemiecku, my po polsku.

Mój ojciec pracował w gazowni. Mój ojciec potrzebował przedstawiciela, który sprawdzał, czy produkcja przebiega prawidłowo, a był nim Niemiec, Herr Gräber. Mieszkaliśmy w mieszkaniu obok gazowni. Mieszkała tam również rodzina pana Gräbera. My mieszkaliśmy na pierwszym piętrze, a rodzina Gräberów na parterze. Nikt inny nie mieszkał w tym domu.

Byliśmy bardzo zaprzyjaźnieni z rodziną. Bawiliśmy się razem z niemieckimi dziećmi. Wychowywaliśmy się razem. Rodzina Gräberów miała dwoje dzieci, dwóch chłopców, jeden, trochę starszy od nas, miał na imię Paul. Młodszy syn, Georg, urodził się dopiero wtedy, gdy już tam mieszkaliśmy. Wychowywaliśmy się razem. W tamtych czasach kobiety rodziły dzieci w domu, a nie w szpitalu. Kiedy urodził się Georg, moja mama opiekowała się Paulem, robiła pranie i zakupy. Tak jak każdy robi to dla swojego sąsiada.

Zimą jeździliśmy razem na sankach, odwiedzaliśmy się nawzajem. My, dzieci, nie znaliśmy języka niemieckiego. Ale nam, dzieciom, to nie przeszkadzało, rozmawialiśmy rękami i dobrze się rozumieliśmy. To było wspaniałe. Mój ojciec

Bei uns gab es auch deutsche Schulen. Die deutschen Kinder gingen in die deutsche Schule, die polnischen Kinder gingen in die polnische Schule. Wir waren mit den Deutschen befreundet, es ging sehr gut. Die Deutschen konnten vor dem Krieg deutsch sprechen, wir konnten polnisch sprechen.

Mein Vater hat in einem Gaswerk gearbeitet. Mein Vater brauchte einen Vertreter, um nachzuschauen, ob die Produktion gut weitergeht, und das war ein Deutscher, Herr Gräber. Wir wohnten in einer Dienstwohnung neben dem Gaswerk. Die Familie von Herrn Gräber wohnte auch dort. Wir im ersten Stock und Familie Gräber im Erdgeschoss. Sonst wohnte niemand in dem Haus.

Wir waren mit der Familie sehr befreundet. Wir haben mit den deutschen Kindern zusammengespielt. Wir sind zusammen aufgewachsen. Die Familie Gräber hatte zwei Kinder, zwei Jungen, der eine, er war ein bisschen älter als wir, hieß Paul. Der jüngere Sohn Georg ist erst geboren, als wir dort schon gewohnt hatten. Wir sind zusammen aufgewachsen. Damals bekamen die Frauen die Kinder zuhause, nicht im Krankenhaus. Als Georg geboren wurde, hat meine Mutter den Paul betreut, hat gewaschen und Einkäufe gemacht. Wie das jeder Mensch für die Nachbarin macht.

Wir sind im Winter zusammen Schlitten gefahren, wir haben uns gegenseitig besucht. Wir Kinder konnten nicht deutsch sprechen. Aber uns Kinder hat das nicht gestört, wir haben uns mit den Händen unterhalten und wir haben uns gut verstanden. Es war herrlich. Mein Vater hat

pracował z panem Gräberem przez 16 lat. Zawsze pracowali na zmianę. Jeden nadzorował produkcję w nocy, a drugi w dzień. A w następnym tygodniu było na odwrót. Tak się zaprzyjaźnili, że kiedy mieli wolne, grali razem w karty. Moja mama i Pani Gräber razem piekły ciasta, razem piły kawę. To było wspaniałe. Ale tylko do czasu, kiedy wkroczyli Niemcy.

mit Herrn Gräber 16 Jahre zusammengearbeitet. Immer haben sie sich abgewechselt bei der Arbeit. Einer hatte die Aufsicht über die Produktion in der Nacht und der andere am Tag. Und in der nächsten Woche war das umgekehrt. Sie waren so befreundet, dass, wenn sie frei hatten, sie zusammen Karten gespielt haben. Meine Mutter und Frau Gräber haben zusammen Kuchen gebacken, Kaffee getrunken. Es war herrlich. Aber nur bis zu der Zeit als die Deutschen einmarschierten.

Mapa topograficzna Grudziądza: 1: "Wzgórza Portowe" (Księżych Gór), 2: Twierdza Grudziądz, 3: najwyższe wzniesienie Kępa Forteczna (86,1 m n.p.m.), 4: najbardziej na zachód wysunięte wzgórze Grudziądza, Górna Grupa (77 m n.p.m.).

Topografische Karte von Grudziądz: 1: die „Hafenberge" (Księżych Górach, s.u.), 2: die Festung Twierdza Grudziądz, 3: die höchste Erhebung Kępa Forteczna (86,1m), 4: der westlichste Hügel von Grudziądz, Górna Grupa (77m).

Wrzesień 1939

Kiedy Niemcy wkroczyli do Grudziądza[15], Pan Gräber natychmiast przyszedł do mojego ojca i powiedział: "Panie Kozak, pan nie może tu dalej pracować i nie może pan dalej tutaj mieszkać". Mój ojciec zapytał: "Dlaczego? Wczoraj wszystko było w porządku, a dziś nie mogę już tu mieszkać. Dlaczego?" A pan Gräber odpowiedział: "Bo jest pan moim wrogiem!".

September 1939

Als die Deutschen in Grudziądz einmarschiert waren[16], kam Herr Gräber gleich zu meinem Vater und sagte: „Herr Kozak, Sie können nicht weiter hier arbeiten und auch nicht weiter hier wohnen." Mein Vater fragte: „Warum? Gestern war noch alles in Ordnung und heute kann ich hier nicht mehr wohnen. Warum?" Und Herr Gräber sagte: „Weil Sie mein Feind sind!"

Inwazja niemieckiego "Wehrmachtu" na Grudziądz - Einmarsch der deutschen „Wehrmacht" in Grudziądz

---

[15] Było to 3 września 1939 roku.

[16] Dies war am 3. September 1939.

Przez jedną noc byliśmy wrogami, tylko dlatego, że byliśmy Polakami, choć żyliśmy razem w wielkiej przyjaźni od 16-stu lat.

Paul Gräber nie miał jeszcze 18-stu lat. Natychmiast jednak zgłosił się do SS. Georg, młodszy, poszedł prosto do Hitlerjugend. Na ramieniu miał naszywkę ze swastyką, nosił krótkie spodenki.
Od tej pory już na nas nie patrzyli, nie znali nas, choć jeszcze wczoraj byliśmy razem.
Ale to nam nie zaszkodziło, bo skoro tak jest, to tak musi być.
Ale za chwilę musieliśmy opuścić mieszkanie. Przyszedł do nas pan Gräber i powiedział: "Musicie się wynosić, my tu teraz mieszkamy". Za trzy dni musieliśmy opuścić mieszkanie.

Naprzeciwko stacji gazowni znajdowało się puste mieszkanie, w którym mieszkali Żydzi.[17] Uciekali, pewnie wiedzieli, że będzie wojna. Mieszkanie było puste, a my wprowadziliśmy się w ciągu trzech dni. Mój ojciec nie mógł już pracować w gazowni. Bo on był wrogiem.

Chociaż mieliśmy trzypokojowe mieszkanie, to mieszkaliśmy tylko w jednym pokoju, bo Polacy nie dostawali przydziału na ogrzewanie, nie było węgla, nic.

Mój brat urodził się we wrześniu 1939 r. i już robiło się zimno, a my nie mieliśmy

Durch eine Nacht waren wir Feinde, nur weil wir Polen waren, obwohl wir 16 Jahre in großer Freundschaft zusammengewohnt haben.Paul Gräber war noch keine 18 Jahre alt. Aber er hat sich gleich zur SS gemeldet. Georg, der jüngere, ging gleich zur Hitlerjugend. Er hatte einen Streifen am Arm mit Hakenkreuz, und kurze Hosen an.
Ab dieser Zeit haben sie uns nicht mehr angeschaut, sie kannten uns nicht mehr, obwohl wir gestern noch zusammen waren.
Aber das hat uns nicht weh getan, denn wenn es so ist, muss es so sein.
Aber wir mussten die Wohnung gleich verlassen. Herr Gräber kam zu uns und sagte: „Sie müssen raus, wir wohnen jetzt hier." In drei Tagen mussten wir die Wohnung räumen.

Gegenüber der Gasanstalt war eine Wohnung frei, wo Juden[18] wohnten. Sie waren geflüchtet, sie wussten wohl, dass es Krieg geben würde. Die Wohnung war leer, und da sind wir innerhalb von drei Tagen eingezogen. Mein Vater durfte nicht mehr in der Gasanstalt arbeiten. Denn er war der Feind.
Obwohl wir eine Dreizimmerwohnung hatten, wohnten wir nur in einer Stube, weil Polen keine Zuteilung zum Heizen bekommen haben, es gab keine Kohlen, nichts.
Mein Bruder ist im September 1939 geboren, und es wurde schon kalt, und wir

---

[17] W 1939 r. w Grudziądzu mieszkało jeszcze 182 Żydów, 8 lat wcześniej było ich 677, a rok później już nikt. Por. Aschkewitz, Zur Geschichte der Juden in Westpreußen, 216.

[18] 1939 lebten noch 182 Juden in Grudziądz. 8 Jahre vorher waren es 677. Ein Jahr später lebte keiner mehr dort. Vgl Aschkewitz, Zur Geschichte der Juden in Westpreußen, 216

czym grzać. Więc mój ojciec porąbał meble, które w tym czasie nie były nam potrzebne i ogrzewał je tym drewnem.

Nie mogliśmy kupować za wiele jedzenia. Były pieczątki i przydziały. My Polacy dostawaliśmy tylko trochę dżemu, czasem trochę smalcu. I bardzo mało mokrego czarnego chleba. Niemcy dostawali lepsze racje żywnościowe. Były tam sklepy tylko dla Polaków i tylko dla Niemców. A na drzwiach niemieckich sklepów było napisane. "Brak wstępu dla Polaków i psów!"

To było straszne.

hatten nichts zu heizen. So hat mein Vater die Möbel, die wir nicht brauchten in dieser Zeit klein gehackt und damit geheizt.

Auch konnten wir nicht so viel zu essen kaufen. Es gab Marken und Zuteilung. Wir Polen bekamen nur ein bisschen Marmelade, manchmal ein bisschen Schmalz. Und sehr wenig nasses schwarzes Brot. Die Deutschen bekamen bessere Zuteilungen. Es gab Geschäfte nur für Polen und nur für Deutsche. Und auf der Tür der deutschen Geschäfte stand. „Für Polen und Hunde Eintritt verboten!"

Das war schrecklich.

Pierwsze działania okupacji niemieckiej

Natychmiast po wkroczeniu Niemców ogłoszono ludności, że wszyscy ludzie mają się stawić na dużym placu. To było za miastem, gdzie wywożono śmieci. SS mówiło Polakom, jak mają się zachowywać w tym czasie, co wolno im robić, a co jest zabronione.

Więc ludzie poszli i powiedzieli, że mieszkaliśmy razem z rodzinami niemieckimi i było dobrze, co Niemcy chcą nam powiedzieć? Mieli iść tylko dorośli ludzie, żadne dzieci. Rodzice pojechali i później wszystko nam opowiedzieli.

Kiedy plac był już całkowicie zapełniony, przyszło SS i Gestapo i wydało Polakom następujące polecenia: dla Polaków godziną policyjną była godzina 8 wieczorem, od tej pory nie wolno im było przebywać na ulicy; okna musiały być wieczorem zaciemnione, z zewnątrz nie wolno było widzieć żadnego światła. Polakom nie wolno było podróżować autobusami i tramwajami, nie wolno było się kąpać. Dla Polaków wszystko było zakazane. W mieście wolno im było przebywać tylko w ciągu dnia, a poza miastem nie. Wszystko było karane. Wtedy mówiono: powinniśmy być przyjaźnie nastawieni do Niemców. Byliśmy przyjaźnie nastawieni do Niemców. To nie było nic nowego.
Wtedy powiedziano: jeśli tego nie zrobicie, to zobaczycie, co się z wami stanie. Moja

Erste Maßnahmen der deutschen Besatzung

Gleich nach dem Einmarsch der Deutschen wurde der Bevölkerung bekannt gegeben, dass alle Menschen zu einem großen Platz kommen sollten. Der lag hinter der Stadt, wo der Müll hingebracht wurde. Die SS würde den Polen bekannt geben, wie sie sich jetzt in der Zeit verhalten sollten, was sie machen durften, was verboten sei.
Da gingen die Leute hin, und sagten, wir haben mit den deutschen Familien zusammengelebt, und es war gut, was wollen uns die Deutschen wohl sagen. Es sollten nur die Erwachsenen Leute gehen, keine Kinder. Meine Eltern sind hingegangen und haben uns später alles erzählt.
Als der Platz ganz voll war, da kam SS und Gestapo und haben folgende Vorschriften den Polen gegeben: für Polen sei die Polizeistunde um 8 Uhr am Abend, ab da dürfen sie sich nicht mehr auf der Straße befinden; die Fenster müssten am Abend verdunkelt sein, kein Licht dürfe von außen zu sehen sein. Polen dürften weder mit Autobus noch mit der Straßenbahn fahren und dürften nicht zum Baden gehen. Alles war für Polen verboten. Sie durften sich am Tag nur in der Stadt aufhalten und nicht außerhalb der Stadt. Alles wurde bestraft.
Dann wurde gesagt: wir sollten den Deutschen gegenüber freundlich sein. Wir waren freundlich den Deutschen gegenüber. Das war nichts Neues.
Dann wurde gesagt, wenn ihr das nicht machen werdet, dann seht, was mit euch

mama powiedziała: "Na placu była taka cisza". Co miało się niby stać? Przecież to wszystko tak robimy.

Po drugiej stronie placu był garaż, dla straży pożarnej. I nagle - mówiła moja mama - otworzyły się szerokie drzwi garażu. Ludzie patrzyli. Było tam 10 esesmanów wyprowadzających innych 10-ciu mężczyzn. Zawiązano im oczy szmatą i ręce za plecami. Moja mama mówiła: co to jest, co to za ludzie, skąd oni są? I esesmani wyprowadzili tych ludzi i ustawili ich na skraju placu. Tam, gdzie były śmieci.

A ludzie powiedzieli: Co tu się dzieje? Co to jest?

Nagle krzyk, w kącie placu. Kobieta krzyczała i płakała, bijąc się rękami. Ludzie ją przytrzymywali. A w innym kącie jakaś kobieta również zaczęła głośno krzyczeć. Obie rozpoznały swoich mężów stojących tam, z zasłoniętymi oczami i związanymi rękami. Jedna z kobiet powiedziała później, że jej mąż powiedział, że po pracy idzie odwiedzić kolegę i że wróci do domu później. Ale nie wrócił do domu. A ja przypuszczałam - powiedziała kobieta - że za długo siedział z kolegą i zrobiła się 8 wieczorem, a on pewnie nie chciał iść do domu ze względu na godzinę policyjną. A teraz on tam stał.

Co to byli za ludzie? Ludzie, którzy po prostu zostali zabrani z ulicy. SS i Gestapo nie znali nazwisk tych 10-ciu mężczyzn.

Później ludzie już wiedzieli. Jak jechał ulicą

geschieht. Meine Mutter sagte: „Da war eine solche Stille auf dem Platz." Was soll schon passieren? Wir machen das doch alles.

Gegenüber dem Platz war eine Garage, für die Feuerwehr. Und auf einmal sagte meine Mutter, wurde die breite Tür der Garage aufgemacht. Die Leute schauten und aus dem Raum führten 10 SS-Männer 10 Männer. Sie hatten die Augen mit einem Tuch zugebunden und die Hände auf dem Rücken gebunden. Meine Mutter sagte, was ist das, was sind das für Leute, woher sind sie? Und die SS-Männer führten die Männer und haben sie am Rande des Platzes aufgestellt. Da, wo der Müll lag.

Und die Leute sagten: Was wird hier geschehen? Was ist das?

Auf einmal ein Schrei, in einer Ecke des Platzes. eine Frau schrie und weinte, und schlug mit den Händen. Die Leute hielten sie fest. Und in einer anderen Ecke fing auch eine Frau an, laut zu schreien. Die beiden hatten ihre Männer erkannt, die dort standen, mit den verbundenen Augen und gefesselten Händen. Die eine Frau erzählte später, ihr Mann habe gesagt, dass er nach der Arbeit noch einen Kollegen besuchen wolle und er später nach Hause komme. Aber er kam nicht nach Hause. Und ich meinte, sagte die Frau, er saß zu lange beim Kollegen und es war 8 Uhr Abend geworden und er wollte wegen der Polizeistunde wohl nicht nach Hause. Und nun stand er dort.

Was waren das für Männer? Menschen, die einfach von der Straße genommen wurden. Die SS und die Gestapo kannten nicht die Namen dieser 10 Männer.

Später wussten die Leute Bescheid. Wenn

samochód i gestapo siedziało z przodu, to ulica była zupełnie pusta, ludzie się chowali, w domu, za krzakami, żeby ich nie złapali.

Grudziądz leży w dolinie. Po jednej stronie znajdują się wzgórza portowe[19], a po drugiej stronie Wisły znajduje się twierdza[20]. Ludzi po prostu zabierano na wzgórza portowe i tam ich zastrzeliwano, tak jak zabierano ich z drogi. Kiedy kobieta została zapytana: "Gdzie jest twój mąż? Dawno go nie widziałem". - "Jest w górach portowych." Jeśli człowieka nie widziano dłużej niż jeden dzień, mówiono, że jest w górach portowych.

Tak właśnie stało się z tymi dziesięcioma mężczyznami. Zostali oni po prostu zabrani z drogi. Moja mama powiedziała, że ludzie coś sobie myśleli. Z zawiązanymi oczami i rękami? Co się stanie? Nie, nic złego nie może się tu wydarzyć. Nie, to tylko gra. Niemcy chcą nas nastraszyć, żebyśmy wykonywali ich polecenia. Ale nie, to nie była gra. Nagle podjechał samochód,

ein Auto durch die Straßen fuhr und vorne saß Gestapo, war die Straße ganz leer, die Menschen haben sich versteckt, in einem Haus, hinter einem Strauch, damit sie nicht gefasst werden konnten.

Grudziądz liegt in einem Tal. Auf der einen Seite sind die Hafenberge[21] und auf der anderen Seite von der Weichsel steht die Festung.[22] Die Leute wurden einfach auf die Hafenberge gebracht und dort erschossen, so wie sie von der Straße geholt wurden. Wenn eine Frau gefragt wurde: „Wo ist dein Mann? Ich habe ihn schon lange nicht mehr gesehen." – „Er ist auf den Hafenbergen." Wenn ein Mensch länger als ein Tag nicht gesehen wurde, wurde gesagt, er ist auf den Hafenbergen.

So war es und so geschah es nun diesen 10 Männern. Sie wurden einfach von der Straße genommen. Meine Mutter sagte, die Leute dachten sich etwas. Mit verbundenen Augen und Händen? Was wird geschehen? Nein, hier kann nichts Böses geschehen. Nein, das ist nur ein Spiel. Die Deutschen wollen uns Angst machen, damit wir ihre Befehle ausführen. Aber nein, das war kein

---

[19] Nie udało mi się znaleźć informacji, gdzie dokładnie znajdują się góry portowe. Zakładam, że w języku polskim oznacza to "Księżą Górę" (dosłownie: Priest's Hill). Znajdowały się one w pobliżu miasta (5 km od Wisły, po jej wschodniej stronie) i wiadomo, że miały tam miejsce masowe egzekucje.

[20] Wyobrażałem sobie opis położenia Grudziądza w przenośni otoczonego niby dwoma pasmami górskimi. Twierdza Grudziądz położona jest po wschodniej stronie Wisły, na wysokości 29 metrów. G położone jest w kotlinie, z trzema wzniesieniami o wysokości powyżej 60 m n.p.m.: Kępa Forteczna, która wznosi się na wysokość 86,1 m n.p.m. Pozostałe dwie to Kępa Strzemięcińska i Górna Grupa. Ta ostatnia położona jest na zachód od Wisły. Wszystkie z nich znajdują się w promieniu 5 km.

[21] Wo genau die Hafenberge liegen konnte ich nicht recherchieren. Ich vermute, dass in der polnischen Sprache damit die „Księżych Górach" (wörtlich: Priesterberg) gemeint sind. Diese lagen nahe bei der Stadt (5 km von der Weichsel entfernt, auf deren östlicher Seite) und an diesem Ort sind Massenhinrichtungen bekannt.

[22] Ich hatte mir die Beschreibung der Lage von Grudziądz bildlich umgeben von quasi zwei Gebirgszügen vorgestellt. Die Festung Grudziądz (Twierdza Grudziądz) liegt auf der östlichen Seite der Weichsel mit 29 Höhenmetern. G liegt in einem Becken, mit drei Hügeln, die über 60 Höhenmetern liegen: Kępa Forteczna, der sich auf eine Höhe von 86,1 m ü.M. erhebt. Die anderen beiden sind Kępa Strzemięcińska und Górna Grupa. Letzterer liegt westlich der Weichsel. Alle liegen im Umkreis von 5 km.

wyskoczyło z niego SS, dziesięciu mężczyzn z karabinami, naprzeciwko każdego Polaka stał esesman. Nadal ludzie mówili, że to jest ostatni akt, że wypuszczą tych ludzi. Ale oficer wydał rozkaz do strzału i zaczęli strzelać. Moja mama mówiła, że to było coś strasznego. Nie wszyscy zginęli od strzału. Niektórzy trochę krzyczeli, niektórzy próbowali się podnieść, upadali. Wtedy przyszedł oficer z małym pistoletem i strzelił wszystkim w głowę. Moja mama mówiła, że ludzie byli tak przerażeni. Byli jak oszołomieni.

A oficer powiedział głośno: "Teraz pójdziecie do domu. Powiedzcie swoim krewnym, znajomym, czy innym, których tutaj nie było, żeby przyszli, mężczyźni będą tu leżeć do wieczora, mają zobaczyć, co się z wami stanie, jeśli nie będziecie wykonywać naszych rozkazów."

Moja matka poszła tam jeszcze raz po południu i zobaczyła kobiety z dziećmi, które stały tam przy ojcu i płakały, aż do wieczora stały tam z dziećmi i płakały patrząc na mężczyznę, ojca leżącego we krwi. Moja mama opowiadała, że to coś strasznego. Ale później w ten wieczór - miejsce było strzeżone, nie wolno było podchodzić zbyt blisko - ciała wyrzucano na śmieci.

Ludzie byli tak przerażeni.

Mieliśmy ogród. Aby skrócić sobie drogę, zawsze przechodziliśmy przez plac. Ale od tego czasu zawsze wybieraliśmy dłuższą drogę, żeby nie zwracać na siebie uwagi. Raz

Spiel. Auf einmal kam ein Auto, aus dem SS heraussprang, zehn Männer mit Gewehren, gegenüber jedem polnischen Mann stand ein SS-Mann. Und immer noch sagten die Leute, das ist der letzte Akt, sie werden die Männer frei lassen. Aber der Offizier gab den Befehl zum Schießen und sie haben geschossen. Meine Mutter sagte, das war etwas Schreckliches. Nicht alle Männer waren von einem Schuss tot. Manche schrien etwas, manche wollten aufstehen, fielen hin. Da kam der Offizier mit einer kleinen Pistole und schoss jedem in den Kopf. Meine Mutter sagte, die Leute waren so erschreckt. Sie waren wie betäubt.

Und der Offizier sagte laut: „Jetzt geht ihr nach Hause. Sagt euren Verwandten, Bekannten oder den anderen, die hier nicht waren, sie sollen kommen, die Männer werden hier bis zum Abend liegen, sich anschauen, was mit euch geschehen wird, wenn ihr unsere Befehle nicht erfüllt."

Meine Mutter ist am Nachmittag noch einmal zu dem Platz gegangen und hat gesehen, wie die Frauen mit den Kindern da bei ihrem Vater standen und weinten, bis zum Abend standen sie mit den Kindern da und weinten und sahen, wie der Mann, der Vater im Blut lag. Meine Mutter sagte, das war etwas Schreckliches. Aber dann am Abend - der Platz war bewacht, man durfte nicht ganz nah heran gehen - wurden die Leichen auf den Müll geworfen.

Die Leute waren so erschreckt.

Wir hatten einen Garten. Um den Weg dahin abzukürzen, hatten wir immer den Platz überquert. Aber seitdem haben wir immer den längeren Weg genommen, um

widziałam kwiat leżący na placu, raz paliła się świeczka. Robienie takich rzeczy było niebezpieczne.

Były to pierwsze ofiary wojny w Grudziądzu. Nie przez bomby, ale wzięte z ulicy i po prostu zastrzelone.

nicht aufzufallen. Ich habe einmal gesehen, dass da eine Blume am Platz lag und einmal brannte eine Kerze. Es war gefährlich, so etwas zu tun.

Das waren die ersten Opfer des Krieges in Grudziądz. Nicht durch Bomben, sondern von der Straße genommen und einfach erschossen.

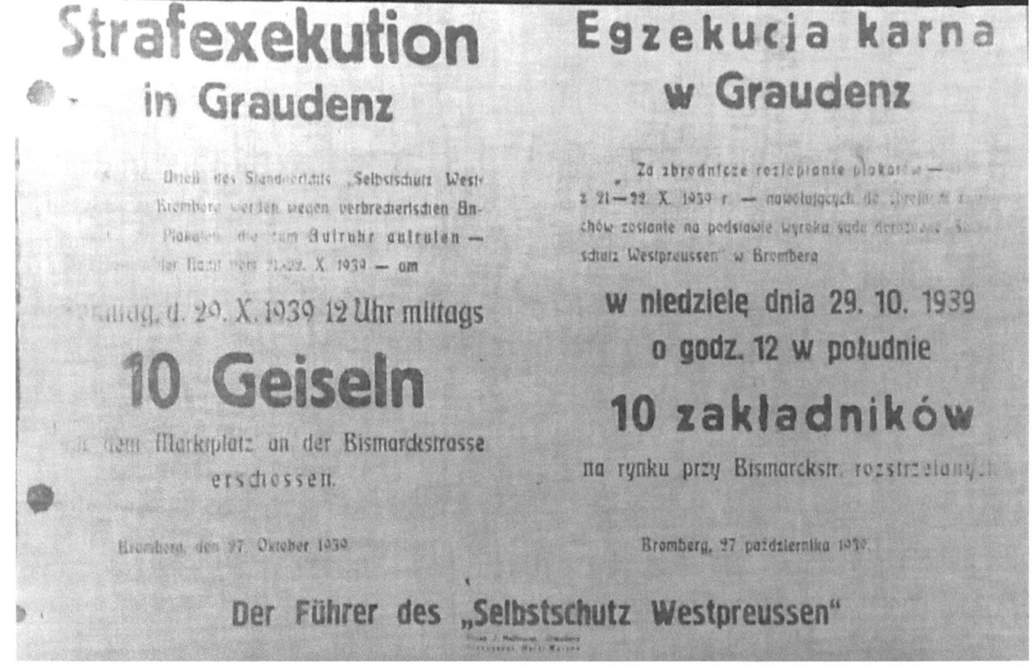

Rozstrzelenie 10-ciu osób z Grudziądza zostaje zapowiedziane na 29.10.1939 r. przez „Führera des ‚Selbstschutz Westpreussen'"".[23]

Die Erschießung von 10 Menschen aus Grudziądz wird für den 29.10.1939 verkündet vom „Führer des ‚Selbstschutz Westpreussen'".[24]

---

[23] Był to SS-Oberführer Ludolf von Alvensleben. Tak zwany "Selbstschutz Westpreussen" był paramilitarną formacją policyjną, której członkowie rekrutowali się z przedstawicieli mniejszości niemieckiej zamieszkującej Polskę. Von Alvensleben jest oskarżony o liczne okrucieństwa podczas II **W**ojny **Ś**wiatowej, za które nigdy nie został pociągnięty do odpowiedzialności, ponieważ uciekł do Argentyny.

[24] Dieser war SS-Oberführer Ludolf von Alvensleben. Der sogenannte "Selbstschutz Westpreussen" war eine paramilitärische Polizeiformation, deren Mitglieder aus Vertretern der in Polen lebenden deutschen Minderheit

1942: 5 dzieci z rodziny Kozaków - Die 5 Kinder der Familie Kozak. Krystyna Kozak (lewa - links)
Pozostałe rodzeństwo od lewej do prawej – weitere Geschwister: Helena, Jan, Teresa, Stanisław

Nauka języka niemieckiego w szkole

Potem powiedziano: "Wszystkie polskie dzieci muszą chodzić do niemieckiej szkoły, aby nauczyć się niemieckiego". Nie musieliśmy się uczyć niemieckiego przed

Deutsch lernen in der Schule

Dann wurde gesagt: „Alle polnischen Kinder müssen in die deutsche Schule gehen, um Deutsch zu lernen." Wir brauchten vor dem Krieg kein Deutsch lernen, so wie die

---

rekrutiert wurden. Von Alvensleben werden zahlreiche Gräueltaten während des Zweiten Weltkriegs zur Last gelegt, für die er nie zur Rechenschaft gezogen wurde, weil er nach Argentinien flüchtete.

wojną, tak jak niemieckie dzieci nie musiały się uczyć polskiego.

Teraz klasy były podzielone według wieku, ale z niemieckimi uczniami, którzy zawsze się tam uczyli.

W mojej klasie było siedmioro polskich dzieci. Siedzieliśmy między niemieckimi uczniami.

Gdy nauczyciel wchodził do klasy, wszyscy wstawali. Na ścianie wisiał wielki napis "Führerbild Adolf Hitler". A potem uczniowie mówili coś takiego - na początku nie wiedziałam, co to jest - jakby wiersz albo modlitwa. Ale musiałam to powtórzyć, ale nie rozumiałam, co mówię. Z czasem się nauczyłam, to było tak:

"Prowadź nas, w Twoich rękach jest los milionów, którzy mieszkają w Twoim sercu".[25] Na pewno nie żyłam w sercu Hitlera, ale musiałam to powiedzieć.

Wtedy nauczyciel powiedział: "Teraz możecie usiąść. Ale Polacy stoją."

Nam, siedmiorgu polskim dzieciom, nie wolno było usiąść przez cały czas, musieliśmy stać, odpowiadać na stojąco, pisać na stojąco, czytać na stojąco, po prostu stać.

Nauczyciel wiedział, kto był Niemcem, a kto Polakiem.

Przyszedł prosto do mnie z książką: "Ty Kozak, czytaj". Nie znałam ani słowa po

deutschen Kinder nicht polnisch lernen mussten.

Nun wurden die Klassen nach Alter eingeteilt, aber mit den deutschen Schülern, die schon immer dort gelernt hatten.

In meiner Klasse waren 7 polnische Kinder. Wir saßen zwischen den deutschen Schülern.

Als der Lehrer in die Klasse kam, standen alle auf. An der Wand hing ein großes „Führerbild Adolf Hitler". Und dann haben die Schüler so etwas gesprochen - am Anfang wusste ich nicht, was das ist – wie ein Gedicht oder ein Gebet. Aber ich musste es nachsagen, aber ich verstand nicht, was ich sagte. Mit der Zeit hatte ich es gelernt, es ging so:

„Führe uns, in deinen Händen liegt das Schicksal von Millionen, die in deinem Herzen wohnen."[26] Ich wohnte bestimmt nicht in Hitlers Herz, aber ich musste das sagen.

Dann sagte der Lehrer: „Jetzt könnt ihr sitzen. Aber die Polen bleiben stehen."

Wir sieben polnischen Kinder durften uns die ganze Zeit nicht hinsetzen, sondern mussten stehen bleiben, stehend antworten, stehend schreiben, stehend lesen, nur stehen.

Der Lehrer wusste, wer deutsch und wer Pole war.

Er kam gleich zu mir mit einem Buch: „Du Kozak, lies." Ich konnte kein Wort Deutsch.

---

[25] Na "plakacie hołdowniczym dla wielkiego uwodziciela", ta "modlitwa" kończy się słowami "... któremu jesteś wiarą". - Prowadź nas!"

[26] Auf einem „Huldigungsplakat für den großen Verführer" endet dieses „Gebet" mit „... denen du ein Glaube bist. – Führe uns!"

niemiecku. Moja matka i ojciec znali niemiecki, ale myśmy się go nie uczyli. A teraz miałam czytać po niemiecku. Nie znałam żadnych niemieckich liter.
"Och, nie umiesz czytać. Zostaniesz w szkole po lekcjach i będziesz uczyć się czytać, dopóki sprzątaczka nie posprząta szkoły. Potem możesz wrócić do domu. Jutro masz umieć czytać".

Jak miałam się uczyć, skoro nie wiedziałam, co tam jest napisane? Sprzątaczka zlitowała się nade mną i powiedziała: "Dziewczynko, chciałabym cię puścić do domu, ale boję się". Nie mogłam nauczyć się czytać, więc do wieczora pomagałam sprzątaczce. Potem wróciłam do domu. Jak przyszłam, mama powiedziała: "Krystyna, musisz wracać do domu. Myślałam, że jesteś na porcie."

Powiedziałam: "Mamo, muszę to przeczytać do jutra". Moja mama znała niemiecki, siedziała ze mną pół nocy i wszystko mi czytała, a ja powtarzałam. I tak, w końcu się udało. Ale nauczyłam się tekstu tylko na pamięć, nie rozumiałam go. Już następnego dnia nauczyciel przyszedł i powiedział z boku: "Kozak, czytaj".

Przeczytałam, od początku. Ale wiedział, że nie można nauczyć się czytać w jedno popołudnie. Przyszedł do mnie i mówi: "A to słowo tam pośrodku, a to... Człowieku, ty się nie nauczyłaś, ty nie umiesz czytać. Do jutra napiszesz sto razy: Nie umiem czytać."

Meine Mutter, mein Vater konnten Deutsch, aber wir hatten kein Deutsch gelernt. Und ich sollte nun deutsch lesen. Aber ich kannte keinen deutschen Buchstaben.
„Oh, du kannst nicht lesen. Du bleibst nach dem Unterricht in der Schule, und wirst lesen lernen; so lange, bis die Putzfrau die Schule sauber gemacht hat. Dann kannst Du nach Hause gehen. Morgen musst du lesen können.“
Wie sollte ich das lernen, wenn ich nicht wusste, was da geschrieben ist? Die Putzfrau hatte Mitleid mit mir und sagte: „Mädchen, ich würde dich gerne nach Hause lassen, aber ich habe Angst.“ Aber ich konnte nicht lesen lernen, und habe der Putzfrau bis zum Abend geholfen. Dann bin ich nach Hause gegangen. Als ich ankam, sagte meine Mutter: „Krystyna, du musst nach Hause kommen. Ich dachte schon, Du seiest auf den Hafenbergen.“
Ich sagte: „Mutti, bis morgen muss ich das lesen.“ Meine Mutter konnte deutsch und saß mit mir die halbe Nacht und hat mir alles vorgelesen, und ich habe wiederholt. Und ja, es ging irgendwann. Ich habe den Text aber nur auswendig gelernt, ich konnte ihn nicht verstehen. Gleich am nächsten Tag kam der Lehrer und sagte von der Seite: „Kozak, lesen.“
Ich habe gelesen, vom Anfang an. Aber er wusste, dass man durch einen Nachmittag nicht lesen lernen kann. Er kam zu mir, und sagte: „Und das Wort da in der Mitte, und das. – Mensch, du hast nicht gelernt, du kannst nicht lesen. Du wirst bis morgen hundertmal aufschreiben: Ich konnte nicht lesen.“

Powiedziałam mamie. Zapisała mi zdanie, a ja spojrzałam, jak ono wygląda i napisałam je setki razy: Nie umiem czytać.

Nienawidziłam języka niemieckiego. Wydawał mi się tak trudny. Kiedy w końcu zrozumiałam, co czytam i co mówię, pomyślałam: język niemiecki jest jednak piękny. Jeśli uczysz się go w normalny sposób. Ale nie w taki sposób, w który my, Polacy, musieliśmy się jego nauczyć.

Ich sagte es meiner Mutter. Sie schrieb mir den Satz auf und ich schaute, wie es aussieht und habe dann hundertmal geschrieben: Ich konnte nicht lesen.

Ich habe die deutsche Sprache gehasst. Sie kam mir so schwer vor. Als ich dann verstand, was ich lese und was ich sage, dachte ich: die deutsche Sprache ist doch schön. Wenn man sie normal lernt. Aber nicht so, wie wir Polen sie lernen mussten.

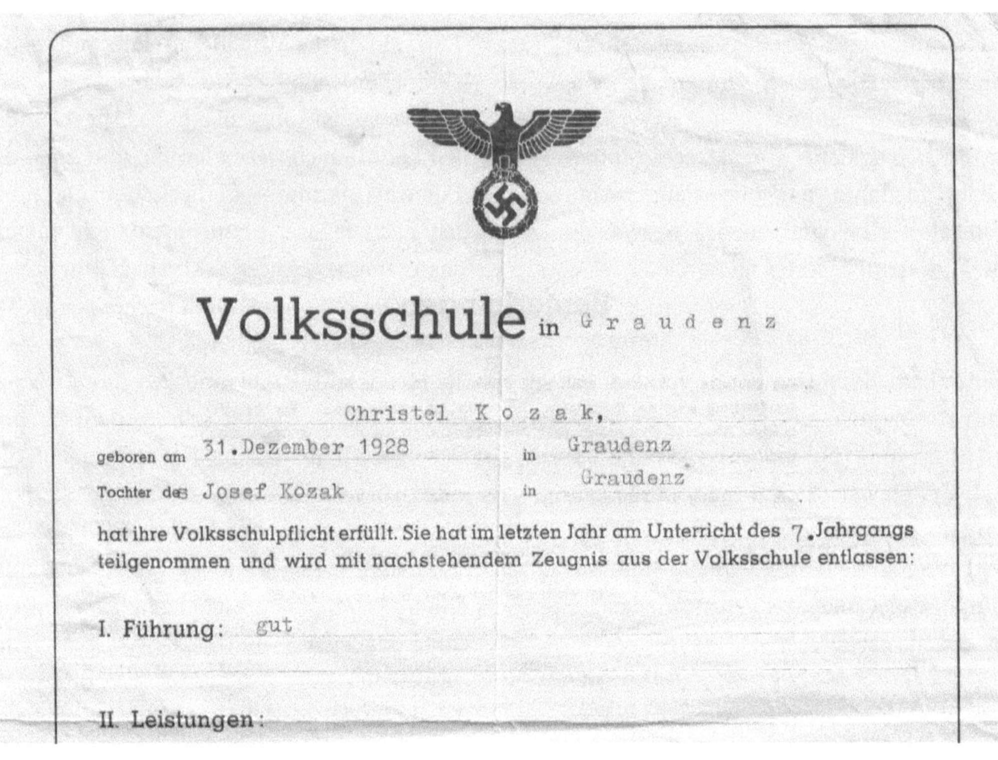

Świadectwo ukończenia szkoły z dnia 27 marca 1943 roku, Ocena z przedmiotu "niemiecki" "ausreichend" ("dostateczny"). - Abschlusszeugnis vom 27. März 1943, die Note in Deutsch war „ausreichend"

Przymusowa praca dzieci

Zwangsarbeit für Kinder

Potem postanowiono: polskie dzieci mogą

Dann wurde gesagt: polnische Kinder

chodzić do szkoły tylko do 14-go roku życia, potem muszą pracować na polu.[27] W wieku 14-stu lat byliśmy jeszcze dziećmi, dziś jest inaczej. My, dzieci, nigdy wcześniej nie musieliśmy pracować.

Więc kiedy mieliśmy 14 lat, musieliśmy jechać na przykład na wieś do pracy u niemieckich rolników. Moja starsza siostra dostała pracę u niemieckiej rodziny z Augsburga. Miała szczęście, to było w mieście, zajmowała się dziećmi i miała sprzątać dom. Pewnego dnia nie wróciła do domu, następnego dnia też nie przyszła. Mama poszła więc do tamtego domu, ale dom był zamknięty i nikt nie wiedział, gdzie jest rodzina.

Pani domu wyjechała z rodziną do Augsburga i zabrała ze sobą moją siostrę. Nie poinformowała o tym mojej matki. Niemcy mogli z Polakami zrobić wszystko.

Moja mama poszła z moją drugą siostrą do urzędu pracy, a tam byli niemieccy rolnicy. Oni mogli wybrać, kogo chcieli zabrać do pracy. I spojrzeli na przerażone dzieci. "Ten jest za mały, za blady, ale ten jest silny, może pracować". A jak zostali już wybrani, to musieli wsiąść na ich wóz.

Gdy moja siostra została wybrana przez rolnika, moja matka zapytała: "Dokąd zabierasz moją córkę?". Ale gospodarz po

dürfen nur bis 14 Jahre in die Schule gehen, dann müssen sie aufs Land arbeiten.[28] Mit 14 Jahren waren wir noch Kinder, heute ist das anders. Zuhause mussten wir Kinder nicht arbeiten.

Mit 14 mussten wir also beispielsweise aufs Land zu deutschen Bauern. Meine ältere Schwester hat eine Arbeit bei einer deutschen Familie aus Augsburg bekommen. Sie hatte Glück, es war in der Stadt, sie hat auf die Kinder aufgepasst und sollte das Haus putzen. Eines Tags kam sie nicht nach Hause, und den Tag drauf kam sie auch nicht. Da ging meine Mutter zu dem Haus hin, doch das Haus war geschlossen, und keiner wusste, wo die Familie war. Die Frau des Hauses war mit der Familie nach Augsburg gefahren und hat meine Schwester einfach mitgenommen. Sie hat meine Mutter nicht informiert. Die Deutschen konnten mit den Polen alles machen.

Meine Mutter ging mit meiner zweiten Schwester zum Arbeitsamt und da waren die deutschen Bauern. Und sie konnten sich aussuchen, wen sie zur Arbeit mitnehmen wollten. Und sie schauten auf die erschreckten Kinder. „Der ist zu klein, der ist zu blass, aber der ist stark, der kann arbeiten." Und wenn sie mitgenommen wurden, mussten sie auf deren Wagen aufsteigen.

Als meine Schwester von einem Bauer mitgenommen wurde, fragte meine Mutter: „Wohin fahren Sie mit meiner Tochter?"

---

[27] Por. prawdopodobnie pionierskie studium Johannesa-Dietera Steinerta, Deportation und Zwangsarbeit 2013.

[28] Vgl hierzu die wohl Pionierarbeit leistende Studie von Johannes-Dieter Steinert, Deportation und Zwangsarbeit 2013

prostu ruszył, a moja mama pobiegła za wozem. Chciała wiedzieć, w którą stronę jedzie jej dziecko. Ale jako Polce wolno jej było poruszać się wyłącznie po mieście, więc poszła tylko do mostu nad Wisłą, gdzie stali niemieccy strażnicy. Nie było już żadnych wiadomości o mojej siostrze, co robi czy żyje, czy jest chora, nic.

No i nadeszła kolej na mnie jako trzecie dziecko, znowu poszliśmy do urzędu pracy. Ale miałam szczęście. Moja mama powiedziała do kobiety z urzędu pracy: "Zostawcie mi dziecko tutaj w pobliżu, w Grudziądzu, ja mam już 2 zabrane córki i nie wiem, gdzie one są". Więc kobieta powiedziała: "Zobaczymy". Dostałam pracę u esesmana. Była to rodzina z dwójką chłopców. Skąd pochodzili nie wiem. Rodziny niemieckie, które przyjeżdżały do Grudziądza, po prostu przychodziły do osiedla, gdzie mieszkali w miarę bogaci Polacy i wybierały sobie dom. Polska rodzina musiała wpuścić Niemców, zawsze była tam policja. A jak Niemcy powiedzieli, że chcą tu mieszkać, to po prostu polska rodzina została zabrana do obozu. I ja byłam zatrudniona u takiej niemieckiej rodziny, do gotowania, do sprzątania, do wszystkiego.

Tak się bałam esesmana, jego czarnego munduru. Ale nigdy na mnie nie spojrzał, nie powiedział do mnie ani słowa. Chyba nie chciał rozmawiać z żadną Polką. Ale bardzo się cieszyłam, że się do mnie nie odzywał.

Aber der Bauer ist einfach gefahren, und meine Mutter lief hinter dem Wagen her. Sie wollte wissen, in welche Richtung ihr Kind geht. Aber sie durfte sich als Polin ja nur in der Stadt bewegen und so ging sie nur bis zur Brücke über die Weichsel, da standen deutsche Posten. Danach gab es keine Nachricht mehr von meiner Schwester, was sie macht, ob sie lebt, ob sie krank ist, nichts.

Und dann war ich als dritte an der Reihe, wieder ging es zum Arbeitsamt. Aber ich hatte Glück. Meine Mutter sagte zu der Frau im Arbeitsamt: „Lassen Sie mir das Kind hier in der Nähe, in Grudziądz, ich habe schon 2 Töchter und weiß nicht, wo sie sind." Da sagte die Frau „Wir werden mal sehen." Ich habe Arbeit bei einem SS-Mann bekommen. Das war eine Familie mit zwei Jungen. Woher sie kamen weiß ich nicht. Die deutschen Familien, die nach Grudziądz kamen, gingen einfach in eine Siedlung, in der einigermaßen reiche Polen wohnten, und suchten sich ein Haus aus. Die polnische Familie musste die Deutschen hereinlassen, es war immer Polizei dabei. Und wenn die Deutschen sagten, hier wollten sie wohnen, wurde die polnische Familie einfach ins Lager gebracht. Und bei einer solchen deutschen Familie war ich angestellt, zum Kochen, zum Putzen, für alles.

Ich hatte eine solche Angst vor dem SS-Mann, vor seiner schwarzen Uniform. Aber er hat mich nicht angeschaut, hat kein Wort zu mir gesagt. Er wollte wohl mit keiner Polin sprechen. Aber ich war sehr glücklich, dass er nicht mit mir sprach.

Dzieci nie były duże, Klaus miał może 6 lat, Karl-Heinz 4 lub 5 lat. Oni byli dla mnie bardzo źli. Pluli na mnie, nazywali mnie "Schweine-Polin". Przynosili z piaskownicy ręce pełne piasku i posypywali nim dywany, mówiąc "Ty, Polko, posprzątaj to". Nie dostałam odkurzacza, całe mieszkanie musiałam sprzątać na kolanach łopatą i szczotką. Matka to widziała, ale nic nie powiedziała swoim dzieciom.

Ten mniejszy potrafił już sam iść do toalety, ale zmoczył spodnie i powiedział. "Ty, polska dziewczyno, wyczyść mi pupę".
Moja matka powiedziała mi: "Rób wszystko i nic nie mów. Inaczej pojedziesz gdzieś na wioskę, a ja nie będę wiedzieć, gdzie".

Die Kinder waren nicht groß, der Klaus vielleicht 6 Jahre, der Karl-Heinz vielleicht 4 oder 5 Jahre alt. Aber sie waren sehr schlecht zu mir. Sie spuckten mich an, nannten mich „Schweine-Polin". Sie brachten vom Sandkasten Hände voll Sand und bestreuten die Teppiche und sagten „Du Polin, mach das sauber." Ich bekam keinen Staubsauger, ich musste auf den Knien mit einer Schaufel und einer Bürste die ganze Wohnung sauber machen. Die Mutter hat das gesehen, aber sie sagte nichts zu ihren Kindern.
Der Kleinere hätte schon zur Toilette gehen können, aber er hat in die Hose gemacht und gesagt. „Du Polin, mach mir den Popo sauber."
Meine Mutter sagte zu mir „Mach alles und sag nichts. Sonst gehst du woanders hin aufs Land und ich weiß nicht, wohin."

"Zeszyt ćwiczeń" 14-letniej Krystyny („Christel") -

- na działalność gospodarstwa domowego

Ubóstwo i głód

Byliśmy bardzo głodni. Mój brat urodził się na początku wojny. On zawsze płakał. Nie dlatego, że był chory, ale dlatego, że był głodny. Moja mama dostawała litr odtłuszczonego mleka na cały tydzień. Mój brat był zawsze głodny.

Pewnego razu moja mama spotkała w mieście panią Gräber, naszą dawną sąsiadkę. Musiała mieć dla nas jakieś współczucie. W przeszłości byli bardzo przyjaźni. Pani Gräber powiedziała do mojej matki: "Pani Kozak, proszę przyjść do mnie jutro o 11-tej. Upiekłam ciasto i coś ci dam. Będę w domu sama." Widać bała się o swoich synów.

Moja matka powiedziała to mojemu ojcu. Mój ojciec powiedział: "Nie idź do pani Gräber."

Ale matka robi wszystko dla swojego dziecka. Bo zawsze widziała, jak mały był głodny i chciał jeść. I tak poszła, nie mówiąc nic ojcu, choć zwykle się zgadzali.

Pani Gräber czekała już na moją matkę. Kiedy mama weszła po schodach do naszego dawnego mieszkania, stała tam. Pani Gräber zaprosiła ją do środka, mówiąc, że jest sama. "Za chwilę podam ci ciasto". Ale gdy tylko mama usiadła w kuchni, drzwi się otworzyły i stanął w nich Paul, starszy syn Pani Gräber, który zgłosił się na ochotnika do SS. Stał tam w czarnym mundurze, w czarnym płaszczu ze znakami SS, na czapce

Armut und Hunger

Wir hatten sehr großen Hunger. Mein Bruder ist Anfang des Krieges geboren. Er hat immer geweint. Nicht weil er krank war, sondern weil er Hunger hatte. Meine Mutter bekam einen Liter Magermilch für die ganze Woche. Mein Bruder hatte immer Hunger.

Einmal hat meine Mutter Frau Gräber, unsere ehemalige Nachbarin, in der Stadt getroffen. Sie hatte wohl etwas Mitgefühl mit uns. Sie waren ja früher sehr befreundet gewesen. Frau Gräber sagte zu meiner Mutter: „Frau Kozak, kommen Sie morgen um 11 Uhr zu mir. Ich habe Kuchen gebacken, und ich gebe Ihnen etwas. Ich werde allein zu Hause sein." Sie hatte anscheinend Angst vor ihren Söhnen.

Meine Mutter erzählte das meinem Vater. Mein Vater sagte: „Geh nicht zu Frau Gräber."

Aber eine Mutter macht alles für ihr Kind. Denn sie sah immer, wie der Kleine hungrig war und essen wollte. Und so ist sie gegangen, hat meinem Vater nichts gesagt, auch wenn sie sich sonst immer einig waren.

Frau Gräber hat schon auf meine Mutter gewartet. Als meine Mutter die Treppen hochging zu unserer ehemaligen Wohnung, stand sie dort. Frau Gräber hat sie hereingebeten, sie sei allein. „Ich gebe Ihnen gleich den Kuchen." Doch kaum saß meine Mutter in der Küche, ging die Tür auf und an der Tür steht Paul, der ältere Sohn von Frau Gräber, der sich freiwillig zur SS gemeldet hatte. Er stand dort in schwarzer

czaszka. Stanął w drzwiach i spojrzał na moją matkę. Moja mama mówiła, że gdyby oczy mogły zabijać, to ona by nie żyła. Z jaką nienawiścią na nią patrzył. Paweł, który codziennie jadał z nami posiłki i bawił się z nami, ten Paweł, który mieszkał z nami przez 16 lat, patrzył tak na moją matkę.

Pani Gräber była podekscytowana:
"Paul, wejdź, już tu jesteś. Ugotowałam obiad. Możesz jeść."

Paweł powiedział: "Nie będę jadł. Jestem tak zmęczony, tak ciężko pracowałem". Moja matka zaniemówiła. I znowu pani Gräber powiedziała coś dla uspokojenia sytuacji. Paweł chodził tam i z powrotem po kuchni, ale nie patrzył na moją matkę i powiedział do swojej matki: "Co ja dzisiaj robiłem, mamo?". Pani Gräber nie pytała, chyba obawiała się odpowiedzi. Ale chyba chciał powiedzieć to, co chciał powiedzieć przy mojej mamie: "Mamusiu, wiesz, co ja robiłem? Byłem dziś rano w górach portowych i zestrzelałem Polaków."

Człowiek, który urodził się w Polsce, który tu chodził do szkoły, który nie zaznał niczego złego od Polaków, miał zaledwie 18 lat. Moja mama mówiła, że dumnie trzymał głowę do góry. "Kiedy strzelałem do mężczyzn, podobało mi się to. Ale były tam też kobiety i dzieci. Kiedy kobiety na kolanach całowały mnie po stopach i błagały o życie dla swoich dzieci, to trochę mnie poruszyło. Ale strzelałem, bo mi kazano".

Uniform, im schwarzen Mantel mit SS-Zeichen, auf der Mütze der Totenkopf. Er stand an der Tür und schaute meine Mutter an. Meine Mutter sagte, wenn Augen töten könnten, wäre sie nicht mehr am Leben. Mit welchem Hass er auf sie geschaut habe. Der Paul, der jeden Tag bei uns gegessen hatte und mit uns gespielt hatte, dieser Paul, der 16 Jahre zusammen mit uns gelebt hatte, schaute so auf meine Mutter herab. Frau Gräber war aufgeregt: „Paul, komm herein, du bist schon da. Ich habe Mittag gekocht. Du kannst essen."

Paul sagte: „Ich werde nichts essen. Ich bin so müde, ich habe so tüchtig gearbeitet." Meine Mutter war sprachlos. Und wieder sagte Frau Gräber etwas, um die Situation zu beruhigen. Paul ging in der Küche hin und her, aber schaute nicht auf meine Mutter und sagte zu seiner Mutter: „Was habe ich heute gemacht, Mutter?" Frau Gräber hat nicht gefragt, sie hatte wohl Angst vor der Antwort. Aber er wollte wohl vor meiner Mutter sagen, was er sagen wollte: „Mutti, weißt du, was ich gemacht habe? Ich war heute Vormittag auf den Hafenbergen und habe die Polen erschossen."

Ein Mensch, der in Polen geboren war, der hier in die Schule gegangen war, der nichts Böses von Polen erfahren hat, er war kaum 18 Jahre alt. Meine Mutter sagte, er habe seinen Kopf stolz nach oben gereckt. „Wenn ich die Männer erschossen habe, hat mir das Spaß gemacht. Aber da waren auch Frauen und Kinder dabei. Wenn die Frauen auf den Knien mir die Füße geküsst haben und um das Leben für ihre Kinder gebettelt

Czy to był człowiek? Zabijanie sprawiało jemu przyjemność. Moja mama powiedziała, że wstała i nie czekała na żadne ciasto. Jak oszołomiona chwiejąc się na nogach wróciła do domu, jakby była pijana. Gdzie ja byłam? Przez trzy dni z nikim nie rozmawiała. Mój ojciec nic nie wiedział. Zapytał: "Czy jesteś chora? Co się stało?" Moja mama odpowiedziała, że boli ją głowa albo ząb. Nic nie wiedzieliśmy. Nie mogła tego strawić.

Po trzech dniach powiedziała mojemu ojcu. A mój ojciec powiedział: "Widzisz, mówiłem ci, żebyś nie szła".

Ale nie wszyscy Niemcy byli tacy. Wielu z nich bardzo nam pomogło. To byli nasi znajomi. Nawet jeśli Niemcom nie wolno było nam pomagać. Niemiec, który pomagał Polakom, a gestapo się o tym dowiedziało, szedł do obozu lub był karany w jakiś inny sposób.

Czasami na naszych drzwiach wisiała torba z kawałkiem chleba lub dwoma pomidorami. Wiedzieliśmy, że to nie byli Polacy, bo oni nic nie mieli.

Siostra Teresa

Moja siostra Teresa, która pracowała u rolnika, miała wtedy 14 lat, tęskniła za mamą, chciała ją zobaczyć i wrócić do domu, ale Niemka nie mogła pozwolić jej wrócić do domu.

haben, das ging mich ein bisschen an. Aber ich habe geschossen, denn es wurde mir befohlen."

War das ein Mensch? Ihm hat das Töten Spaß gemacht. Meine Mutter sagte, sie sei aufgestanden und habe auf keinen Kuchen gewartet. Wie betrunken sei sie nach Hause gewankt. Wo war ich? Drei Tage hat sie mit niemandem gesprochen. Mein Vater wusste von nichts. Er fragte: „Bist du krank? Was ist geschehen?" Meine Mutter sagte, sie habe Kopf- oder Zahnschmerzen. Wir wussten von nichts. Sie konnte das nicht verdauen.

Nach drei Tagen hat sie es meinem Vater erzählt. Und mein Vater sagte: „Siehst Du, ich habe gesagt, geh nicht."

Aber nicht alle Deutschen waren so. Viele haben uns sehr geholfen. Das waren unsere Bekannten. Auch wenn die Deutschen uns nicht helfen durften. Ein Deutscher, der Polen half, und die Gestapo erfuhr etwas davon, ging ins Lager oder wurde anders bestraft.

Manchmal hing an unserer Tür ein Beutel, mit einem Stückchen Brot oder zwei Tomaten. Wir wussten, dass das keine Polen waren, denn diese hatten nichts.

Schwester Teresa

Meine Schwester Teresa, die bei einem Bauer gearbeitet hat, 14 Jahre alt war sie zu der Zeit, hatte Sehnsucht nach meiner Mutter, sie wollte sie sehen und nach Hause gehen, aber die deutsche Frau durfte sie

Moja siostra:
"Niech pani pozwoli mi wrócić do domu, do mamy i taty. Na jedną niedzielę. Odpracuję ten dzień."

nicht nach Hause lassen. Meine Schwester: „Lassen Sie mich nach Hause gehen, meine Mutter und meinen Vater sehen. Lassen Sie mir einen Sonntag. Ich werde nacharbeiten.“

Most pontonowy przez Wisłę październik 1939 r. - Ponton-Brücke über die Weichsel Oktober 1939

Ale rolniczka powiedziała: "Nie, nie wolno mi". Pewnego dnia jednak powiedziała: "No to idź, ale uważaj, żebyś nie szła główną drogą, żeby cię nie skontrolowano". Zawsze trzeba było pokazać dowód osobisty. "Więc

Aber die Bauernfrau sagte: „Nein, das darf ich nicht.“ Einmal aber sagte sie: „Na, geh, aber pass auf, dass du nicht auf der Hauptstraße gehst, damit du nicht kontrolliert wirst.“ Man musste immer

idź tylko po polnych drogach i przez las".
"Tak", odpowiedziała moja siostra, "pójdę i wrócę wieczorem".

Wyszła o piątej rano. Musiała przeprawić się przez Wisłę, wiedziała o tym. Szła przez las, upewniając się, że nie spotka żadnych ludzi. Dotarła nad Wisłę i zobaczyła wieżę kościoła luterańskiego.

Mieszkaliśmy obok. "Tam jest kościół, tam jest mieszkanie, tam pójdę". Ale musiała przejść przez ten most. Wyjrzawszy z krzaków, zobaczyła dwóch eses-manów stojących przy moście, pilnujących go. Od razu się schowała. Ale ją zauważyli. Powiedzieli:
"Chodź tutaj! Kim jesteś? Twój dowód!" Pokazała swój polski dowód osobisty. "Skąd jesteś?" Tak się bała, wszystko powiedziała. "Chcę zobaczyć moją matkę i ojca. Chcę ich tylko zobaczyć i zaraz wracam do pracy."
"Ty przeklęta Polko, szybko z powrotem". Była już przy moście i prawie w domu. Miała 14 lat i musiała wracać, to było 15km.

Wróciła na farmę.
"O, Tereso, wróciłaś już?".

Ingeborg Mischeck

W szkole miałam niemiecką koleżankę, siedziała obok mnie. Nazywała się Ingeborg Mischeck. Była bardzo miła. Rozmawiała ze mną, inni niemieccy uczniowie odnosili się do mnie bardzo wrogo. Ale Ingeborg rozmawiała ze mną i to mi dobrze robiło.

einen Ausweis zeigen. „Also geh nur auf Feldwegen und durch den Wald." „Ja", sagte meine Schwester, „ich werde gehen und am Abend zurück sein." Sie ging um 5 Uhr morgens. Sie musste über die Weichsel, das wusste sie. Sie ging durch den Wald und schaute, dass sie keinen Menschen begegnete. Da kam sie an die Weichsel und sah den Turm der evangelischen Kirche. Daneben wohnten wir. „Dort ist die Kirche, dort ist die Wohnung, ich werde hingehen." Aber sie musste über die Brücke. Aus den Sträuchern schaute sie, da standen zwei SS-Männer an der Brücke und bewachten die Brücke. Sie hat sich gleich versteckt. Aber die beiden haben sie entdeckt. Sie sagten: „Komm her! Wer bist du? Dein Ausweis!" Sie zeigte ihren polnischen Ausweis. „Woher kommst Du?" Sie hatte solche Angst, und sie sagte alles. „Ich will zu meiner Mutter und zu meinem Vater. Ich will sie nur sehen und gehe gleich zurück zu meiner Arbeit." „Du verfluchte Polin, schnell zurück." Sie war schon an der Brücke und wäre bald daheim gewesen. 14 Jahre alt war sie und sie musste zurück, 15 km waren das. Sie ging zurück zu dem Bauernhof. „Oh, Teresa, bist Du schon zurück?"

Ingeborg Mischeck

In der Schule hatte ich eine deutsche Freundin, sie saß neben mir. Sie hieß Ingeborg Mischeck. Sie war sehr nett. Sie hat mit mir gesprochen, andere deutsche Schüler betrachteten mich sehr feindlich. Aber Ingeborg hat mit mir gesprochen, das

Czasami zatrzymywałam się u niej w domu. Pewnego dnia powiedziała do mnie: "Krystyna, ja chcę iść na basen, ale nie mogę iść sama". Ale Polakom nie wolno było się kąpać.

"Moja mama powiedziała, że jak pójdę z Krystyną, to mnie puści". Mimo że byłam Polką i było to zabronione, chciałam iść popływać. Ingeborg powiedziała: "Jeśli powiem, że jesteś moją koleżanką i pokażę niemiecki dowód osobisty, to cię wpuszczą". Wzięłam więc strój kąpielowy i poszłyśmy na kąpielisko. Ingeborg pokazała swój dowód osobisty. Pokazałam swój dowód osobisty. "Ty Polaku nie umiesz czytać, zakazane dla Polaków. Szybko na zewnątrz." Ale Ingeborg powiedziała: "To moja koleżanka". - "Wynoś się, bo zadzwonię na policję". Musiałam wyjść, a Ingeborg krzyknęła: "Krystyna, muszę z tobą wrócić, poczekaj na mnie!". Ona poszła się kąpać, a ja stałam przy płocie i trzymałam się jego i patrzyłam, jak Niemcy się tam kąpią i bawią. Przez dwie godziny stałam przy ogrodzeniu i płakałam, nie pozwolono mi wejść do wody. Potem przyszła Ingeborg i była bardzo zadowolona. Wróciłam do domu z suchym kostiumem kąpielowym.

Polacy zawsze czuli się źle. Bo Polakom wszystko było zakazane. Do dziś nie umiem pływać, bo nigdy nie mogłam się tego nauczyć.

hat mir gutgetan. Ich war manchmal bei ihr zuhause. Eines Tages sagte sie zu mir: „Krystyna, ich möchte ins Freibad gehen, aber alleine darf ich nicht." Aber es war für Polen verboten, baden zu gehen. „Meine Mutter hat gesagt, wenn Du mit Krystyna gehst, lass ich dich gehen." Auch wenn ich Polin war und es verboten war, ich wollte gerne baden. Ingeborg sagte: „Wenn ich sage, Du bist meine Freundin und ich meinen deutschen Ausweis zeige, werden sie dich hineinlassen." Also habe ich meinen Badeanzug genommen und wir sind zur Badeanstalt gegangen. Ingeborg zeigte ihren Ausweis. Ich zeigte meinen Ausweis. „Du Pole, kannst Du nicht lesen, für Polen verboten. Schnell heraus." Aber Ingeborg sagte: „Das ist meine Freundin." – „Raus, sonst werde ich die Polizei rufen." Ich musste raus und Ingeborg rief: „Krystyna, ich muss mit dir zurückkommen. warte auf mich!" Sie ging baden und ich stand am Zaun und hielt mich daran fest und schaute, wie die Deutschen dort badeten und Spaß hatten. Zwei Stunden stand ich am Zaun und habe geweint, ich durfte nicht in das Wasser gehen. Dann kam Ingeborg und war sehr zufrieden. Ich kam mit dem trockenen Badeanzug nach Hause.

Die Polen fühlten sich immer schlecht. Denn alles war für Polen verboten. Bis heute kann ich nicht schwimmen, weil ich es nie lernen konnte.

Fragebogen
zur Vorerfassung für die Deutsche Volksliste

52907

Vorname ...

Kreis ...

z. Zt. ausgeübter ...

geborene ...

in ... Kreis ...

geb. am ... in ...

... Angehörige und sonstige Personen unter 21 Jahren:

Vorname	geboren am	geboren in

... 1939 ... Kreis ...

... feststellbar?

... nein

... Altreich vorhanden?

... Er... ja — nein

... ja — nein

... das Verhalten der Familie gewesen

... während der polnischen Zeit?

... seit September 1939?

... die Arbeitsleistung des Ehemannes und der Ehefrau, wenn auch diese berufstätig ist?

gut — schlecht

... Haushalt einen sauberen Eindruck? ja — nein

... Vorerfassungskommission: ...

... der Zweigstelle der Deutschen Volksliste beim Oberbürgermeister in Bromberg

... den 27. Juni 1942 ... 1942

Zweigstelle der Deutschen Volksliste

Folkslista

Die Volksliste

Następnie powiedziano, że wszyscy Polacy powinni podpisać tzw. volkslistę.[29] Oznaczało to, że od tej pory nie mieli już być Polakami, lecz Niemcami. Obiecano, że dzieci nie będą musiały iść do pracy oraz mogłyby kontynuować naukę. Mężczyźni dostaliby lepszą pracę, rodziny lepsze przydziały. Wszystko to było obiecane w przypadku podpisania volkslisty.

Podpisało się wiele osób. Ale mój ojciec powiedział: "Nie, nie podpiszę." Mój ojciec był wielkim patriotą. On tak bardzo kochał swój kraj. Być może znacie trochę historii Polski. Polska była często przygnębiona. Ale tam, gdzie toczyła się walka o wolność Polski, tam był mój ojciec. Chciał mieć wolny kraj. Mój ojciec był prostym człowiekiem. Powiedział: "Chcesz, żebym był Niemcem tylko dla odrobiny mięsa lub masła?". Ludzie na ulicy mówili do niego: "Panie Kozak, niech pan się zastanowi, jaką pan musi wykonywać pracę. Niech pan podpisze się na liście. Nasze dzieci chodzą do szkoły. Mam dobrą pracę w fabryce, więcej do jedzenia".
Ale mój ojciec powiedział: "Jestem Polakiem. Nie podpiszę."

Dann wurde gesagt, dass alle Polen die sogenannte Volksliste unterschreiben sollten[30]. Das bedeutete, dass sie ab dieser Zeit keine Polen mehr sein sollten, sondern Deutsche. Es wurde versprochen, dass die Kinder nicht zur Arbeit gehen müssten und weiter lernen könnten. Die Männer bekämen bessere Arbeit, die Familien bekämen eine bessere Zuteilung. Das alles wurde versprochen, wenn die Volksliste unterschrieben wurde.
Viele Leute haben unterschrieben. Aber mein Vater sagte: „Nein, ich unterschreibe nicht." Mein Vater war ein großer Patriot. Er hat sein Vaterland so geliebt. Ihr wisst vielleicht ein wenig von Polens Geschichte. Polen war oft bedrückt. Aber wo um die Freiheit Polens gekämpft wurde, war mein Vater dabei. Er wollte ein freies Vaterland. Mein Vater war ein einfacher Mensch. Er sagte: „Ich soll Deutscher sein, nur wegen ein bisschen Fleisch oder Butter?" Die Leute auf der Straße sagten zu ihm: „Herr Kozak, schauen Sie, welche Arbeit Sie tun müssen. Unterschreiben Sie doch die Liste. Unsere Kinder gehen in die Schule. Ich habe gute Arbeit in der Fabrik, mehr zu essen."
Aber mein Vater sagte: „Ich bin Pole. Ich unterschreibe nicht."

---

[29] Z formalnoprawnego punktu widzenia każdy, kto chciał zostać wpisany na "niemiecką listę narodowościową", a tym samym być "Niemcem", musiał złożyć wniosek. W rzeczywistości jednak wielu Polaków otrzymywało wypełniony wniosek do obowiązkowego podpisu. Ci, którzy znaleźli się na tej "niemieckiej liście ludowej", otrzymali niemieckie obywatelstwo w czteroczęściowej klasyfikacji. Procedura ta została "prawnie" określona w "Rozporządzeniu o niemieckiej liście narodowej i obywatelstwie niemieckim na wcielonych ziemiach wschodnich z dnia 4 marca 1941 roku" w Dzienniku Ustaw Rzeszy I, 118.

[30] Formaljuristisch musste, wer in die „deutsche Volksliste" aufgenommen werden wollte und so „Deutscher" sein wollte, einen Antrag stellen. Tatsächlich jedoch wurde vielen Polen ein ausgefülltes Antragformular zur zwangsweisen Unterschrift vorgelegt. Wer in diese „deutsche Volksliste" aufgenommen war, erhielt die deutsche Staatsangehörigkeit in einer viergeteilten Einstufung. „Juristisch" wurde dieses Vorgehen in der „Verordnung über die Deutsche Volksliste und die deutsche Staatsangehörigkeit in den eingegliederten Ostgebieten vom 4. März 1941" im Reichsgesetzblatt I, 118 festgelegt.

Jaką pracę dostał mój ojciec? Dostał wózek z dwoma kółkami i musiał sprzątnąć całą ulicę śmieci. Nie miał łopaty ani rękawic. Musiał wywozić śmieci na obrzeża miasta. On to robił, zrobiłby wszystko, co Niemcy by kazali, ale chciał pozostać Polakiem.

Był taki pastor Gürtler, z którym mój ojciec się przyjaźnił.[31] Mój ojciec był pszczelarzem, pastor też. Pewnego dnia przyszedł do mojego ojca: "Panie Kozak, proszę podpisać listę. Mam tajną wiadomość od Gestapo. Jeśli tego nie zrobisz, coś złego może stać się z twoją rodziną." Mój ojciec powiedział: "Jeśli to była tajna wiadomość, nie powinieneś był mi o tym mówić. Nie podpiszę tak czy tak."

A pastor powiedział: "Widzę, że kochasz Ojczyznę bardziej niż rodzinę".

Nie wiem, czy mój ojciec rozumiał, o co chodziło. Niewiele wiedzieliśmy o obozach. Może niektórzy coś o tym wiedzieli. Wszyscy bali się o tym mówić. Nie trwało to długo.

Welche Arbeit bekam mein Vater? Er bekam einen Wagen mit zwei Rädern und musste eine ganze Straße vom Müll reinigen. Er hatte keine Schaufel, keine Handschuhe. Den Müll musste er an den Rand der Stadt bringen. Er hat das gemacht, er würde alles machen, was die Deutschen sagen, aber er wollte Pole bleiben.

Da war ein Pastor Gürtler, mit dem mein Vater befreundet war.[32] Mein Vater war Imker, der Pastor auch. Eines Tages kam der Pastor zu meinem Vater: „Herr Kozak, unterschreiben Sie die Liste. Ich habe eine geheime Nachricht von der Gestapo. Wenn Sie das nicht tun, kann mit Ihrer Familie etwas Böses geschehen." Mein Vater sagte: „Wenn das eine geheime Nachricht war, hätten Sie mir das nicht sagen dürfen. Aber ich unterschreibe doch nicht."

Und da sagte der Pastor: „Da sehe ich, dass Sie das Vaterland mehr liebhaben als die Familie."

Ich weiß nicht, ob mein Vater verstanden hat, um was es ging. Von Lagern war nicht so viel bekannt. Vielleicht wussten einige etwas davon. Jeder hatte Angst, davon zu sprechen. Es dauerte nicht lange.

---

[31] Paul Gürtler, pastor Kościoła Ewangelicko-Augsburskiego, obchodził w 1953 roku jubileusz 50-lecia pracy zawodowej. W "Berichte von Angehörigen der politischen Führungsschicht aus den ostdeutschen Vertreibungsgebieten zum Zeitgeschehen von 1939-1945" jest od niego "Die evangelische Kirchengemeinde Graudenz vor ihrem Untergang 1945". Dokument ten przechowywany jest w Archiwum Federalnym jako Ost-Dok.8.

[32] Paul Gürtler, Pastor der Evangelisch-Augsburgischen Kirche, feierte 1953 sein 50-jähriges Amtsjubiläum. In „Berichte von Angehörigen der politischen Führungsschicht aus den ostdeutschen Vertreibungsgebieten zum Zeitgeschehen von 1939-1945" gibt es von ihm „Die evangelische Kirchengemeinde Graudenz vor ihrem Untergang 1945". Diese Schrift lagert u.a. als Ost-Dok.8 im Bundesarchiv.

Uwięzienie

Pewnego ranka o godzinie piątej rozległo się głośne pukanie do naszych drzwi. Psy szczekały. Wszyscy spaliśmy w tym samym pokoju. To było lato. Ojciec szybko wstał, ubrał się i poszedł otworzyć drzwi. Była tam policja z dwoma dużymi psami i mój ojciec powiedział "Czego chcecie?". Wtedy to młody esesman uderzył mojego ojca w twarz. "Cholerni Polacy, ubierajcie się szybko i wynoście się". Spuścili psy ze smyczy, wcześniej zdejmując im kaganiec i psy wbiegły do pokoju, w którym spaliśmy. Było nas pięcioro dzieci i rodzice, 7 osób. Psy szczekały, a gestapo krzyczało "Szybko, szybko, ubierać się i wynosić". Leżałam w łóżku i bardzo się bałam. Pies wskoczył na moje łóżko, objął mnie i szczekał mi w twarz. Tak się bałam. Widziałam tylko czerwony jęzor, białe zęby i oczy. Mój brat miał wtedy 4 lata, tak głośno płakał. Powiedziano nam, że mieliśmy ubrać to, co nosiliśmy latem, nic więcej. Szybko ubierać się i wychodzić. Moja mama zapytała esesmana, czy mamy coś jeszcze zabrać ze sobą. Nic nam nie będzie potrzebne - powiedział. W tym momencie moja mama powiedziała, że pójdziemy w góry portowe i nas rozstrzelają.

Kiedy znaleźliśmy się na zewnątrz, zobaczyliśmy, że nie idziemy w stronę gór. Poprowadzono nas w innym kierunku, w stronę dworca kolejowego.

Do pociągu osobowego dołączony był wagon bydlęcy. Musieliśmy wsiąść do wagonu

Die Inhaftierung

Eines Morgens um 5 Uhr war ein lautes Klopfen an unserer Tür. Hunde bellten. Wir schliefen alle in einer Stube. Es war Sommer. Mein Vater stand schnell auf, zog sich an und ging die Tür aufmachen. Da stand Polizei mit zwei großen Hunden und mein Vater sagte „Was wünschen Sie?" Da hat ein junger SS-Mann meinen Vater ins Gesicht geschlagen. „Verfluchte Polen, schnell anziehen und raus." Die Hunde ließen sie von den Leinen, nahmen ihnen vorher den Maulkorb ab und die Hunde rannten in das Zimmer, wo wir schliefen. Wir waren 5 Kinder und die Eltern, 7 Personen. Die Hunde bellten und die Gestapo schrie „Schnell, schnell, anziehen und raus." Ich lag im Bett und war so erschreckt. Ein Hund sprang auf mein Bett und hielt mich und bellte mir ins Gesicht. Ich war so erschreckt. Ich sah nur die rote Zunge und die weißen Zähne und die Augen. Mein Bruder war damals 4 Jahre alt, er weinte so laut. Man sagte uns: das, was wir im Sommer angezogen hatten, sollten wir anziehen, nicht mehr. Schnell anziehen und raus. Meine Mutter fragte den SS-Mann, ob wir noch etwas mitnehmen sollen. Wir würden nichts brauchen, sagte er. Da meinte meine Mutter, wir gehen zu den Hafenbergen und werden erschossen.

Als wir draußen waren, sahen wir, dass wir nicht Richtung Hafenberge gingen. Wir wurden in eine andere Richtung geführt, Richtung Bahnhof.

Da stand ein Viehwaggon, der an einen Personenzug angekoppelt war. Wir mussten

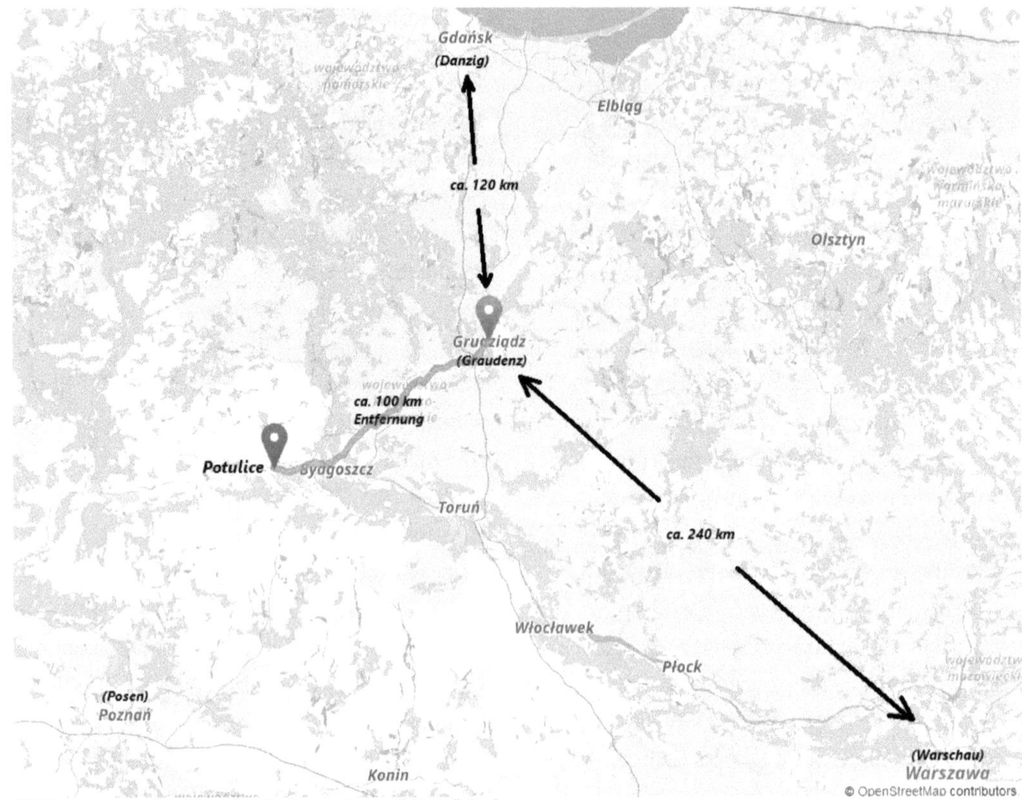

Obóz pracy w Potulicach, około 100 km od Grudziądza. –
Das Arbeitslager Potulice, ca. 100 km von Grudziądz entfernt.

bydlęcego. W środku było bardzo ciemno. Powietrze doprowadzał tylko mały właz na górze. esesmani z psami jechali w pociągu osobowym, a my siedzieliśmy na podłodze w wagonie bydlęcym.

Nie wiedzieliśmy jak długo i w jakim kierunku jedziemy. Czasem pociąg się zatrzymywał, a potem jechał dalej. Nie wiedzieliśmy, gdzie jesteśmy. Nagle pociąg się zatrzymał, drzwi się otworzyły, przyjechała ciężarówka i mieliśmy się przesiąść. Był tam człowiek, który nam pomógł. Ojciec zapytał mężczyznę. "Gdzie my jesteśmy? Co to za miejsce?"

in den Viehwaggon einsteigen. Es war ganz dunkel darin. Nur eine kleine Luke oben brachte Luft. Die SS-Männer mit den Hunden fuhren im Personenzug und wir im Viehwaggon, saßen auf dem Boden.

Wir wussten nicht, wie lange und in welche Richtung wir fahren. Manchmal stand der Zug und dann ging es weiter. Wir wussten nicht, wo wir sind. Auf einmal stand der Zug, die Tür wurde aufgemacht und da stand ein Lastwagen und wir sollten umsteigen. Da war ein Mann, der uns geholfen hat. Mein Vater fragte den Mann. „Wo sind wir? Welcher Ort ist das?" Aber

Ale ten człowiek nie odpowiedział, to był więzień z obozu, z którym nie wolno było rozmawiać. Jechaliśmy samochodem przez las. Była tam tylko wąska piaszczysta ścieżka dla jednego samochodu. Nagle po lewej stronie pojawił się obóz i zobaczyliśmy wielką bramę. Liczono nas, czy wszyscy są. Gestapo, które nam towarzyszyło, przeniosło nas do obozu i znowu nas policzono. Na pożegnanie gestapo powiedziało nam: "Teraz jesteście w swoim domu". Obóz był naszym domem.

der Mann antwortete nicht, es war ein Häftling aus dem Lager, der nicht mit uns sprechen durfte. Wir fuhren mit dem Auto durch einen Wald. Nur ein schmaler Sandweg für ein Auto war da. Auf einmal lag links ein Lager und wir sahen ein großes Tor. Immer wurden wir gezählt, ob alle da seien. Die Gestapo, die uns begleitet hatte, überstellte uns ans Lager und wieder wurden wir gezählt. Zum Abschied sagte die Gestapo zu uns:
„Jetzt seid ihr in eurer Heimat." Das Lager war unsere Heimat.

Brama wejściowa do obozu w Potulicach - Eingangstor zum Lager Potulice

Obóz - początek

Das Lager – der Anfang

Były obozy tylko dla mężczyzn, obozy tylko dla kobiet, ale to był obóz dla całej rodziny. Byli tam dziadkowie, rodzice, dzieci, wnuki. Moja siostra, która mieszkała u gospodarza,

Es gab Lager nur für Männer, Lager nur für Frauen, aber das hier war ein Lager für die ganze Familie. Da waren Großeltern, Eltern, Kinder, Enkel. Meine Schwester, die bei

po dwóch dniach również została zabrana przez gestapo do obozu. Wszystkie rodziny miały być razem.

Już przy bramie każda rodzina otrzymała numer. Tak to było: ojciec dostawał A, matka B, dzieci dalej C. Mój numer to 5742D. I od tej pory nie mieliśmy nazwisk. Ja nie byłam Krystyną Kozak, ja byłam 5742D. A kiedy strażnik wskazał na mnie palcem, od razu musiałam powiedzieć swój numer. Nie byliśmy już osobami, lecz tylko liczbami.

Wprowadzono nas do dużego pomieszczenia, na podłodze siedziało wielu ludzi, kobiety, dzieci, tak jak ich tam przywieziono. Przerażone twarze, niektórzy mieli przy sobie worki. Wielu z nich popakowało do worków rzeczy bezużyteczne, bo wszystko działo się tak szybko, np. dywan, byli jak ogłuszeni.
Wtedy przyszedł kierownik obozu, spojrzał na nas, wyglądał na bardzo zadowolonego i powiedział: "Macie wszy, musimy wam obciąć włosy". Nie mieliśmy wszy. Potem z obozu przyszły kobiety, więźniarki z ręcznymi maszynkami i obcięły wszystkim włosy, na łyso. Dziś jest to bardziej modne. Ale wtedy byli to tylko ludzie, którzy byli w wojsku lub w więzieniu. A tu nagle też kobiety, włosy to było przecież coś pięknego. Wszyscy mieli obcięte włosy, starzy i młodzi. Niektórzy płakali, a ja nie mogłam już rozpoznać mojej matki, jej białej głowy bez włosów. Przy każdym leżała wielka kupa włosów.

dem Bauern gewohnt hatte, wurde nach zwei Tagen auch von der Gestapo ins Lager gebracht. Alle Familien sollten wohl zusammen sein.
Schon am Tor bekam jede Familie eine Nummer. So war es: der Vater bekam A, die Mutter B, die Kinder weiter C. Meine Nummer war 5742D. Und ab dieser Zeit hatten wir keinen Namen mehr. Ich war nicht Krystyna Kozak, ich war 5742D. Und wenn der Wachmann mit dem Finger auf mich zeigte, musste ich gleich meine Nummer sagen. Wir waren keine Personen mehr, sondern nur noch Nummern.
Wir wurden dann in einen großen Raum geführt, viele Menschen saßen auf dem Boden, Frauen, Kinder, so wie sie dahin gebracht worden waren. Erschreckte Gesichter, manche hatten Säcke dabei. Viele hatten unnütze Sachen in die Säcke gepackt, weil alles so schnell ging, z.B. einen Teppich, sie waren wie betäubt gewesen.
Dann kam der Lagerführer, schaute uns an und sah sehr zufrieden aus und sagte: „Ihr habt Läuse, wir müssen euch die Haare abschneiden." Wir hatten keine Läuse. Dann kamen vom Lager Frauen, Häftlinge mit Handmaschinen und schnitten allen Leuten die Haare ab, bis zum kahlen Kopf. Heute ist das eher modisch. Aber damals waren es nur Leute, die beim Militär oder im Gefängnis waren. Und hier betraf es auch Frauen, Haare waren doch etwas Schönes. Allen wurden die Haare abgeschnitten, Alten und Jungen. Wie die Leute teilweise geweint haben und ich konnte meine Mutter nicht mehr erkennen, der weiße Kopf ohne Haare. Bei jedem lag

Kiedy kobiety skończyły, wrócił kierownik obozu i był bardzo zadowolony. Powiedział: "Jesteście brudni, musicie wziąć prysznic, a wasze ubrania muszą zostać zaniesione do dezynfekcji. Macie tam owady." Nie mieliśmy żadnych wszy.

Powiedziano nam: "Rozbierać się!" Każda rodzina otrzymała worek i kazano jej włożyć do niego ubrania. A w tym czasie mieliśmy wziąć prysznic.
"Rozbierać się!" Kobiety zdjęły bluzki, mężczyźni koszule. "Wszystko zdejmować!" Jak, zdjąć wszystko? Tutaj są mężczyźni, dzieci, nastolatki, kobiety - rozbierać się? Wtedy nie można było tego zrozumieć. Zobaczyć człowieka nagiego przed wojną było czymś niewyobrażalnym. Nigdy nie widziałam mojej matki w koszuli nocnej. Zawsze, gdy wychodziła z sypialni, miała na sobie szlafrok. Byłam młoda. Ale ci starsi ludzie, jak mi ich było szkoda, że musieli się rozebrać. Wszyscy się wstydzili. Siedzieli, klęczeli, starając się ochronić nagą postać.

Chcicli nas w ten sposób upokorzyć. Odebrano nam nasze człowieczeństwo. My już nie mieliśmy imion, byliśmy tylko numerami, nie mieliśmy już włosów, a teraz staliśmy tam zupełnie nadzy i nie mieliśmy nic. To było dla nas okropne.
Potem kazano nam iść do pomieszczenia, gdzie były prysznice. Wszyscy mieli stanąć pod prysznicem. Nikt nie stał, wszyscy siedzieli lub klęczeli pod prysznicami, starając się chronić swoje nagie ciała.
Powiedzieliśmy: "Co jeszcze Niemcy mogą

ein großer Haufen Haare.
Als die Frauen fertig waren, kam der Lagerführer wieder und war sehr zufrieden. Dann sagte er: „Ihr seid dreckig, ihr müsst duschen und eure Bekleidung muss zur Desinfektion gehen. Ihr habt Insekten." Wir hatten keine Läuse.
Es wurde gesagt: „Ausziehen!" Jede Familie bekam einen Sack und sollte die Kleidung in den Sack stecken. Und in dieser Zeit sollten wir duschen.
„Ausziehen!" Die Frauen haben die Blusen ausgezogen, die Männer die Hemden. „Alles ausziehen!" Wie, alles ausziehen? Hier sind Männer, Kinder, Jugendliche, Frauen – und sich ausziehen? Damals war das nicht zu verstehen. Vor dem Krieg einen Menschen nackt zu sehen war nicht vorstellbar. Ich habe meine Mutter nie im Nachthemd gesehen. Immer wenn sie aus dem Schlafzimmer kam hatte sie einen Schlafrock an. Ich war jung. Aber die alten Leute, wie mir das Leid tat, dass sie sich ausziehen mussten. Alle schämten sich. Sie saßen, sie knieten sich und wollten die nackte Gestalt schützen.
Man wollte uns so niederschlagen. Wir waren unserer Menschlichkeit beraubt. Wir hatten schon keinen Namen mehr, waren nur Nummer, hatten keine Haare mehr und jetzt standen wir ganz nackt da und hatten nichts. Das war für uns schlimm.
Dann sollten wir in den Raum gehen, in dem Duschen waren. Jeder sollte sich unter eine Dusche stellen. Keiner stand, alle saßen oder knieten unter den Duschen und wollten ihre nackte Gestalt schützen. Wir sagten: „Was können uns die Deutschen

nam zrobić?".

Nagle po łysej głowie spłynęła zimna woda. Ale to nas trochę ostudziło. Nie wiedzieliśmy już, co się z nami dzieje. Bez ręcznika, bez mydła. Poczuliśmy zimną wodę na naszych głowach i ciałach.

Potem zakręcono wodę, wróciły worki. Każdemu z nas kazano wybrać swój worek. Mój ojciec znalazł nasz worek. Byliśmy mokrzy. Ale nas to nie obchodziło. Kiedy ojciec wytrząsał ubrania, były one naprawdę zdezynfekowane, w takiej temperaturze, że ubrania były jeszcze gorące. Wszystko było tak zmiętolone, już nigdy nie było gładkie i czuło się jak filc. Co odzyskaliśmy, to założyliśmy. Już nas nie obchodziło, co się z nami stanie. "Co jeszcze może się nam przytrafić?"

Obóz - barak

Wprowadzono nas do dużego drewnianego baraku. W jednym baraku zakwaterowano 300 osób. Były tam łóżka, wysokie na trzy piętra. Odległość od jednego do drugiego łóżka była niewielka. Zawsze trzeba było się zwinąć i turlać, aby dostać się do łóżka.

Wyobraźcie sobie ciężkie powietrze, z tyloma ludźmi, w nocy. Czasami ludzie próbowali otworzyć okno, po czym ktoś inny znowu mówił: "Zamknij okno!". "Tu jest dziecko, przeziębi się!" "Tu jest chora kobieta!" Jeden otworzył okno, drugi znów je zamknął.

noch antun?"

Auf einmal kam das kalte Wasser über den kahlen Kopf. Aber das hat uns ein bisschen abgekühlt. Wir wussten nicht mehr, was mit uns geschah. Ohne Handtuch, ohne Seife. Wir fühlten das kalte Wasser auf Kopf und Körper.

Dann wurde das Wasser abgedreht, die Säcke waren wieder zurück. Jeder sollte sich seinen Sack aussuchen. Mein Vater fand unseren Sack. Wir waren nass. Aber es war uns egal. Als mein Vater die Bekleidung ausschüttete, war sie wirklich desinfiziert, in solcher Hitze, dass die Kleidung noch heiß war. Alles war so zerknüllt und wurde nie mehr glatt und fühlte sich an wie Filz. Was wir zurück bekamen zogen wir an. Es war uns schon egal, was mit uns geschehen wird. „Was kann uns noch mehr geschehen?"

Das Lager – die Baracke

Wir wurden in eine große Holzbaracke geführt. In einer Baracke wurden 300 Menschen untergebracht. Da waren Pritschen, dreistöckig. Von einer Pritsche bis zur anderen war nur ein kleiner Abstand.

Man musste sich immer in die Pritsche hinein rollen. Stellt euch die dicke Luft vor, mit so vielen Menschen, nachts. Manchmal versuchten Menschen, das Fenster aufzumachen, dann sagte ein anderer wieder: „Mach das Fenster zu!" „Hier ist ein Kind, das wird sich erkälten!" „Hier ist eine kranke Frau!" Einer hat das Fenster aufgemacht, ein anderer hat es wieder

W nocy nie rozbierałyśmy się. Szukaliśmy, czy nie znajdziemy czegoś innego do ubrania. Mimo, że było lato. Kiedy przyszła zima, było mi bardzo zimno w nocy. Trzęsłam się tak bardzo, że kobieta pode mną powiedziała: "Zamknij się, całe łóżeczko rusza się od twojego drżenia". Dała mi więc fartuch, żebym się trochę przykryła. I tak spaliśmy.

Moja mama spała na samym dole z moim młodszym bratem. Pewnego ranka, kiedy zeskoczyłam z góry, spojrzała na mnie i powiedziała: "Krystyna, podrapałaś się po twarzy. Jesteś cała we krwi." To były zmiażdżone robaki na mojej twarzy. Powiedziano nam, że przynosimy pluskwy, ale pluskwy były w całym baraku. Kiedy robiło się ciemno, robaki wychodziły i gryzły ludzi. Leżałam na samej górze. A ci na górze mieli najbardziej do czynienia z robaki. Po zgnieceniu robaka, bardzo śmierdziało. Komendant obozu przyszedł sprawdzić i rozejrzał się, ale nie patrzył na nas, tylko na ściany baraku. Ściany były wilgotne. Ale to było normalne, gdy oddychało 300 osób. "Tu jest wilgotno. Baraki szybko się rozpadną. Tak nie może być. Przez całą noc okna muszą być otwarte. A jak ktoś zamknie okno, to wejdzie do bunkra". A bunkier oznaczał dla tej osoby koniec.

Zbliżała się zima, nie mieliśmy się czym przykryć, byliśmy głodni i słabi, a okna były

zugemacht.
Nachts haben wir uns nicht ausgezogen. Wir suchten, ob wir noch etwas zum Anziehen finden konnten. Auch wenn es Sommer war. Als der Winter kam war mir nachts so kalt. Ich habe so gezittert, dass die Frau unter mir sagte: „Sei still, die ganze Pritsche bewegt sich von deinem Zittern." Da gab sie mir eine Schürze, damit ich mich ein wenig zudecken konnte. Und so schliefen wir.

Meine Mutter schlief ganz unten mit meinem kleinen Bruder. Als ich eines Morgens heruntersprang von oben, schaute sie mich an und sagte: „Krystyna, du hast dich im Gesicht gekratzt. Du bist voller Blut." Das waren zerdrückte Wanzen im Gesicht. Uns wurde gesagt, wir würden Insekten bringen, aber in der Baracke waren überall Wanzen. Wenn es dunkel wurde, kamen die Wanzen heraus und bissen die Menschen. Ich lag ganz oben. Und die oben waren bekamen am meisten von den Wanzen zu spüren. Und wenn man die Wanzen zerdrückte, stank das.
Der Lagerführer kam zur Kontrolle und schaute herum, aber nicht auf uns, sondern auf die Wände der Baracke. Die Wände waren feucht. Aber das war normal, wenn 300 Menschen atmen. „Hier ist es feucht. Die Baracke wird schnell kaputt gehen. So geht das nicht. Die ganze Nacht müssen die Fenster offen sein. Und wenn einer das Fenster zumacht, geht er in den Bunker." Und Bunker bedeutete das Aus für diesen Menschen.
Der Winter kam, wir hatten nichts zum Zudecken, wir waren hungrig und schwach,

otwarte. Trzeba było się ruszać, żeby nie zamarznąć na śmierć. Ilu słabych ludzi czy dzieci nie miało siły się ruszyć, a rano byli sztywni, zmarznięci, z otwartymi oknami. Tak było zimno.

Nie było szpitala. Mówiono: wszyscy są zdrowi i zdolni do pracy. Dzieci - mój brat miał 4 lata - musiały szukać szyszek, kiedy jeszcze nie padał śnieg, zbierać pokrzywy na zupę, lub borówki. Ale nie wolno im było jeść tych jagód. Dzieci musiały pokazywać swoje języki, czy były niebieskie od jagód. Jeśli ktoś miał niebieski język, był bity.

und die Fenster waren offen. Man musste sich bewegen, um nicht zu erfrieren. Wie viele schwache Menschen oder Kinder hatten keine Kraft sich zu bewegen, und am Morgen waren sie steif, waren erfroren, bei den offenen Fenstern. So kalt war es.
Es gab kein Krankenlager. Es hieß: alle sind gesund und arbeitsfähig. Die Kinder – mein Bruder war 4 Jahre alt – mussten, als es noch nicht geschneit hatte, Tannenzapfen suchen oder Brennnessel für Suppe, oder Blaubeeren sammeln. Aber die Beeren durften sie nicht essen. Die Kinder mussten die Zunge zeigen, ob sie blau waren von den Beeren. Wenn einer eine blaue Zunge hatte, wurde er geschlagen.

Barak obozowy, z lewej strony widoczna wieżyczka strażnicza – Lagerbaracke, links Wachturm

Obóz - apel

Codziennie wcześnie rano musieliśmy iść na plac apelowy i stać tam nieruchomo. Musieliśmy czekać, aż przyjdzie komendant obozu i przydzieli nam pracę.

Jeśli był w dobrym humorze, przy dobrej pogodzie, przychodził wcześniej. Ale jeśli padał deszcz lub śnieg, przychodził później. A my tak staliśmy, aż przyszedł. Lato było takie gorące, a my staliśmy na placu apelowym ze słońcem palącym nasze łyse głowy.

Raz zemdlałam i upadłam na minutę. Ale musieliśmy stać w miejscu. On zawsze przychodził z batem i patrzył na ludzi, a my wszyscy staliśmy w kolejce. Biczem wskazywał na ludzi: "Ty, wyjdź, ty wyjdź". Potem trzeba było podejść do przodu i utworzyć kolumnę, do 30-stu osób.

Potem następna. Nikt nie wiedział, do czego zostali wybrani. Czy to była kolumna do bunkra, czy na rozstrzelanie, czy do pracy? Nie wiedzieliśmy. Ale trzeba było podejść od razu do przodu. Gdy wszyscy zostali wybrani, do kolumny po kolei podchodzili strażnicy. Pamiętam jednego bardzo młodego i jednego trochę starszego.

Wiedzieli, dokąd poprowadzić kolumnę. Nie szli pieszo, lecz jechali na rowerach. Mieli przywiązanego psa. Jeden był z przodu, a drugi na końcu. Jak ktoś z nich był w dobrym humorze, to gwizdał i wszyscy szli wolno. Ale jak był zły, to jechał szybko, więc

Das Lager – der Appell

Jeden Tag mussten wir frühmorgens zum Appellplatz gehen und dort stillstehen. Wir mussten warten bis der Lagerführer kam und uns Arbeit zuteilte.

Wenn er gut gelaunt war, bei gutem Wetter, kam er früh. Aber wenn es geregnet oder geschneit hatte, kam er später. Und wir standen so lange, bis er kam. Der Sommer war so heiß, und wir standen auf dem Appellplatz und die Sonne brannte auf den kahlen Kopf.

Mir wurde einmal ohnmächtig, und ich bin kurz hingefallen. Aber wir mussten stillstehen. Er kam immer mit einer Peitsche und schaute auf die Menschen und wir standen alle in der Reihe. Mit der Peitsche zeigte er auf Menschen: „Du, austreten, Du austreten." Da musste man gleich nach vorne kommen und eine Kolonne bilden, bis zu 30 Menschen. Dann kam die nächste. Niemand wusste, wozu er gewählt worden war. War es eine Kolonne in den Bunker, oder zum Erschießen oder zur Arbeit? Wir wussten es nicht. Man musste aber gleich nach vorne kommen. Als alle ausgewählt waren, kamen jeweils Wachmänner zu einer Kolonne. Ich erinnere mich an einen ganz jungen, und einen etwas älteren.

Sie wussten, wohin sie die Kolonne führen mussten. Sie gingen nicht zu Fuß, sondern fuhren mit dem Fahrrad. Dort hatten sie einen Hund angebunden. Einer war vorne und einer am Ende. Wenn einer gute Laune hatte, pfiff er, und es ging langsam. Aber

musieliśmy biec. Nasze buty były już zniszczone. Dostaliśmy więc drewniane buty. Gdy nie padał jeszcze śnieg i nie było mrozu, było wszystko w porządku. Ale kiedy przyszedł śnieg i mróz, śnieg przyklejał się do drewnianych butów. Nie mogliśmy chodzić szybko. Niektórzy upadli, byli bardzo słabi. Ale trzeba było szybko wstać, żeby nie zostać na końcu. To było tak:

jeżeli ktoś został na końcu, a nie mógł iść dalej, to jeden drugiemu pomagał, jeżeli to widział i brał go pod ramiona:

chodź, chodź. "Nie, zostaw mnie." Jeden pomagał drugiemu. Podziwiam to, jak ludzie pomagali sobie nawzajem. Chcę przeżyć, ale chcę, żebyś ty też przeżył. Kiedy ktoś leżał i nie było już nic do zrobienia, co mogłoby mu pomóc, przychodził strażnik z karabinem i mówił:
"Kurczę, szkoda na ciebie amunicji". Wtedy strażnik uderzał osobę dwa razy kolbą karabinu w głowę i człowiek już nie żył.
I tak leżał trup na drodze, aż wieczorem wracaliśmy tą samą drogą do obozu. I trzeba było tego trupa wciągnąć do obozu.

Niemcy byli bardzo precyzyjni. Wielu ludzi, którzy się wydostali, musiało wrócić. Żywi czy martwi. Zawsze nas liczono. Przy bramie patrzyli:
"Ta kolumna, tyle plus, tyle minus. Zgadza się. Możecie iść do baraku".

Wszyscy musieli wrócić, żywi lub martwi.

wenn er böse war, fuhr er schnell und so mussten wir laufen. Unsere Schuhe waren schon kaputt. Da bekamen wir Holzschuhe. Als es noch nicht geschneit hatte und noch kein Frost war, ging das. Aber als der Schnee und Frost kamen, klebte der Schnee an den Holzschuhen. Wir konnten nicht schnell laufen. Die Menschen fielen teilweise um, sie waren sehr schwach. Aber man musste schnell aufstehen, um nicht am Ende zu bleiben. Es war so: wenn jemand am Ende geblieben ist, und er nicht weiterkonnte, hat einer dem anderen geholfen, wenn man das gesehen hat, und ihn unter die Arme genommen: komm, komm. „Nein, lasst mich liegen.“ Einer hat dem anderen geholfen. Ich bewundere, wie die Menschen sich gegenseitig halfen. Ich will überleben, aber du sollst auch überleben. Wenn einer liegen blieb und ihm nicht zu helfen war, kam der Wachmann mit seinem Gewehr und sagte: „Mensch, es ist schade um Munition für Dich.“ Dann schlug der Wachmann zweimal mit dem Gewehrkolben auf den Kopf und er war tot. Und so lag der Tote so lange auf dem Weg, bis wir denselben Weg am Abend ins Lager gingen. Und wir mussten den toten Menschen ins Lager schleppen. Die Deutschen waren sehr genau. So viel Menschen, die herausgekommen waren, mussten zurück. Tot oder lebendig. Wir wurden immer gezählt. Am Tor wurde geschaut: „Diese Kolonne, so viel Plus, so viel Minus. Es stimmt. Ihr könnt in die Baracke gehen.“
Alle mussten zurück, lebendig oder tot.

Plac apelowy w obozie w Potulicach – Der Appellplatz im Lager Potulice

Obóz - praca

Mieliśmy różne pracę. Nie mogę opowiedzieć o nich wszystkich. Na koniec zrobiliśmy rów dla żołnierzy. Myśleliśmy, że front jest już blisko. Nie wiedzieliśmy, bo nie mieliśmy żadnych wiadomości. Musieliśmy kopać okopy o głębokości dwóch metrów, a także stanowiska karabinów maszynowych.

Podczas kopania rowów pilnowało nas dwóch strażników. Strażnikom nie wolno było z nami rozmawiać, tylko na nas krzyczeć. Życie zależało od strażników. Przez cały dzień słyszeliśmy tylko:

Das Lager – die Arbeit

Wir hatten verschiedene Arbeit. Ich kann nicht über alle sprechen. Am Ende hatten wir Schützengräben für die Soldaten gemacht. Wir meinten, die Front sei schon in der Nähe. Wir wussten es nicht, weil wir keine Nachrichten hatten. Wir mussten zwei Meter tiefe Gräben ausheben und auch Stellungen fürs Maschinengewehr.

Zwei Wachmänner haben uns bewacht, während wir die Gräben aushoben. Die Wachmänner durften nicht mit uns sprechen, sondern nur mit uns schreien. Das Leben war von den Wachmännern abhängig. Den ganzen Tag haben wir immer nur gehört: „Verfluchte Polen. Am besten

"Cholerni Polacy. Najlepiej byłoby was zastrzelić. Ale to byłoby dla was zbyt dobre. Macie umrzeć z głodu, chorób i ciężkiej pracy!" Słyszeliśmy to cały czas.

Starszy strażnik miał może z 50 lat. Raz trafił nam się bardzo młody strażnik, my dziewczyny miałyśmy po 15 lat, to był przystojny mężczyzna, patrzyłyśmy na niego. Był blondynem, miał kręcone włosy. Mówiłyśmy sobie, jak w tak pięknej postaci może być tyle złości i nienawiści do nas. Jak on na nas krzyczał. Chodził tam i z powrotem, my pracowałyśmy, bałyśmy się. Gdy nie podobała mu się czyjaś twarz, mówił: "Numer?". Zapisywał numer i szedł dalej. "Jaki jest twój numer?", coś takiego. Spisywał kilka numerów, a wracając do obozu, podawał kartkę na bramie, ci ludzie musieli wyjść i prowadzono ich do bunkra. A bunkier oznaczał: to koniec.

Jeden strażnik bał się drugiego.

Raz, przy kopaniu, my młode dziewczyny pracowałyśmy razem w jednym miejscu a strażnicy chodzili w tą i z powrotem. Starszy strażnik spojrzał, gdzie był młody strażnik, który już odszedł. Stał na brzegu rowu, i patrzył w inną stronę, żeby nie było widać, że z nami rozmawia, i wtedy powiedział do nas:

"Dziewczyny, muszę na was krzyczeć, muszę być dla was zły i niedobry". Jeśli tego nie

würde ich euch erschießen. Aber das wäre zu gut für euch. Ihr sollt durch Hunger, durch Krankheiten, durch schwere Arbeit krepieren!" Das hörten wir die ganze Zeit.

Der ältere Wachmann war vielleicht 50 Jahre alt. Einmal bekamen wir einen ganz jungen Wachmann, wir Mädchen waren 15 Jahre alt, das war ein schöner Mann, wir schauten auf ihn. Er war blond, hatte lockige Haare. Aber wir sagten, wie in einer so schönen Gestalt so viel Wut und Hass sich auf uns befinden kann. Wie er uns anschrie. Er ging hin und her, wir arbeiteten, wir hatten Angst. Wenn ihm dein Gesicht nicht gefallen hat, sagte er: „Nummer?" Und er hat sich die Nummer aufgeschrieben und ging weiter. „Und deine Nummer?", so etwas. Er schrieb sich ein paar Nummern auf, und als wir ins Lager zurückkamen, gab er den Zettel am Tor ab und diese Menschen mussten austreten und gingen in den Bunker. Und Bunker hieß: es war schon aus.
Ein Wachmann hatte Angst vor dem anderen.
Einmal, als wir am Graben waren, wir jungen Mädchen arbeiteten zusammen, an einer Stelle. gingen die Wachmänner wieder hin und her. Da schaute der ältere Wachmann, wo der junge Wachmann war, er war weggegangen. Er stand am Rand des Grabens, schaute aber zu einer anderen Seite, damit nicht gesehen wird, dass er mit uns spricht, und dann sprach er zu uns: „Mädchen, ich muss euch anschreien, ich muss zu euch böse und schlecht sein. Wenn ich das nicht tue, dann wird mein Kollege

będę tak postępował, mój współpracownik złoży na mnie raport i pójdę na front. Ale ja chcę przeżyć wojnę. Mam żonę i dzieci w domu w waszym wieku. Chcę przeżyć wojnę. Muszę na was krzyczeć."

I przedstawił się nam. "Nazywam się Heinrich Weckeler."
Powiedziałyśmy: "Heinrich, krzycz tak głośno, jak tylko potrafisz". Wiedziałyśmy, że będzie tylko krzyczał, ale że nie zapisze naszego numeru. Chciał przeżyć wojnę. Jeden strażnik i drugi strażnik. Nie twierdzę, że wszyscy byli tacy.
Nie prosiliśmy strażników, żeby nas kochali, tylko żeby byli ludźmi.

einen Rapport über mich machen und ich gehe an die Front. Aber ich will den Krieg überleben. Ich habe zuhause Frau und Kinder in eurem Alter. Ich will den Krieg überleben. Ich muss euch anschreien."
Und er stellte sich uns vor. „Mein Name ist Heinrich Weckeler."
Und wir sagten: „Heinrich, schrei so laut du nur kannst." Wir wussten, dass er nur schreien, aber nicht unsere Nummer aufschreiben würde. Er wollte den Krieg überleben. Ein Wachmann und der andere Wachmann. Ich sage nicht, dass alle so waren. Aber wir verlangten nicht, dass die Wachmänner uns liebhaben sollten, nur dass sie menschlich sind.

Więźniowie obozu przy pracy – Lagerhäftlinge bei der Arbeit

Obóz - traumatyczny los

Była w obozie jedna rodzina, ojciec, matka i trzech synów.

Jeden z synów miał szczęście, dostał pracę u rolnika. Sortowali ziemniaki, takie rzeczy. I nie wiem, dlaczego chłopiec to zrobił, ale włożył ziemniak do kieszeni. Wszyscy byli głodni. Ale co zamierzał z tym zrobić, nie wiem. Nie było okazji do gotowania. Czy miał zamiar zjeść go na surowo?

Nie wiem.

Przy bramie zawsze sprawdzali, czy ktoś nie miał czegoś przy sobie. I znaleźli ziemniaka. Wtedy esesmani zawołali ojca i powiedzieli do niego: "Twój syn okradł niemieckiego gospodarza. Ukradł jemu ziemniaka. Wychowałeś jego na złodzieja. I ty sam ukarzesz za to twojego syna. Wiesz, co zrobisz? Sam powiesisz swojego syna na drzewie za karę".

Ojciec miał powiesić na drzewie własnego syna, bo ten był głodny i ukradł ziemniaka. Ojciec powiedział: "Nie, nie zrobię tego. Nie." - "Tak, zrobisz to. Jeśli nie zrobisz tego w ciągu pięciu minut, będziesz wisiał, twoja żona i pozostali dwaj synowie".

Wszyscy wiedzieli, że esesmani byli do tego zdolni. Strażnik powiedział: "Jedna minuta, dwie minuty..." A ojciec włożył sznur na głowę syna i powiesił go.

Zawsze mieliśmy nadzieję, że zostaniemy

Das Lager – ein traumatisches Schicksal

Es gab eine Familie, mit Vater, Mutter und drei Söhnen.

Einer der Söhne hatte Glück gehabt, er hatte Arbeit bei einem Bauern bekommen. Die haben Kartoffel sortiert, so etwas. Und ich weiß nicht, warum das der Junge machte, aber er hat sich eine Kartoffel in die Tasche gesteckt. Alle waren hungrig. Aber was er damit machen wollte, weiß ich nicht. Es gab keine Gelegenheit, zum Kochen. Wollte er diese roh essen? Ich weiß es nicht.

Aber am Tor wurde immer kontrolliert, ob jemand etwas bei sich hat. Und sie haben die Kartoffel gefunden. Da riefen die SS-Männer den Vater und sagten zu ihm: „Dein Sohn hat den deutschen Bauern beklaut. Er hat ihm eine Kartoffel gestohlen. Du hast einen Dieb erzogen. Und du wirst deinen Sohn dafür bestrafen. Weißt du, was du machen wirst. Du selbst wirst deinen Sohn am Baum aufhängen für die Strafe.“

Der Vater sollte den eigenen Sohn am Baum aufhängen, weil er hungrig war und eine Kartoffel gestohlen hatte. Der Vater sagte: „Nein, das mache ich nicht. Nein.“ - „Doch, du machst das. Wenn du das nicht in 5 Minuten machst, dann wirst du hängen, deine Frau und die anderen zwei Söhne.“

Jeder wusste, dass die SS-Männer so etwas fertigbekommen. Der Wachmann sagte: „Eine Minute, zwei Minuten ...“ Und der Vater hat seinem Sohn die Schnur über den Kopf gelegt und hat ihn aufgehängt.

Wir hatten immer die Hoffnung, dass wir

uwolnieni. Może wierzył w to, że jak powiesi syna, żona nadal będzie żyła, i również on i pozostali synowie. Może uda nam się przeżyć. Z pewnością myślał, że uda mu się uratować resztę rodziny. Tak zrobił. Ojciec zabił własnego syna.

Ale następnego dnia zobaczyliśmy ojca na placu apelowym, biegającego, krzyczącego, śmiejącego się, potem płaczącego, śpiewającego. Oszalał. Nie mógł znieść tego, że to zrobił.
Słyszeliśmy go przez trzy dni, potem już nie, potem go zastrzelono.

befreit werden. Vielleicht meinte er, wenn er den Sohn aufhängt, dann wird die Frau noch leben, er auch und auch die anderen Söhne. Vielleicht überleben wir das. Er meinte sicherlich, er könne den Rest der Familie retten. Er hat das gemacht. Der Vater brachte seinen eigenen Sohn um.
Aber am nächsten Tag haben wir den Vater immer am Appellplatz gesehen, er lief herum, hat geschrien, hat gelacht, dann hat er geweint, hat gesungen. Er ist verrückt geworden. Er konnte das nicht aushalten, dass er das gemacht hatte. Drei Tage haben wir ihn gehört, dann nicht mehr, dann wurde er erschossen.

Czterech więźniów pracujących przy rozbijaniu kamieni – vier Häftlinge bei der Arbeit im Steinbruch

Obóz - głód

Wszyscy byli bardzo głodni.[33] Mój czteroletni brat nie rozumiał, co się stało, że zawsze był głodny. Zawsze do mnie mówił: "Krystyna, ty chodzisz do pracy. Jak pójdziesz do pracy, to kup mi coś, jestem głodny". - "Ale ja nie mam żadnych pieniędzy". - "Ale pracujesz, to przecież masz pieniądze". Jak miałam mu to wytłumaczyć? Czekał na mnie w baraku, kiedy wracałam i pytał: "Masz dla mnie coś do jedzenia?". W pewnym momencie powiedziałam: "Sklepy były zamknięte". Zawsze szukałam wymówki. Odchodził smutny, że nic jemu nie przyniosłam. Zastanawiałam się, co mogłabym dla niego zrobić. Tak mi go było żal, taki mały, blady, chory.

Raz nam powiedziano, że jeśli ktoś zgłosi się na ochotnika do ciężkiej pracy, to dostanie przydział na jedzenie. Byli tam mężczyźni, którzy stali i powiedziałam sobie, że też tam pójdę, może dostanę coś do jedzenia. Nie wiedzieliśmy, czy naprawdę coś dostaniemy. Ale poszłam tam i stanęłam z mężczyznami.

Mężczyźni spojrzeli:
"Ty dziewczyno, uciekaj stąd, jesteś za słaba. To jest zawsze ciężka praca. Nie dasz rady.

Das Lager – der Hunger

Alle waren sehr hungrig.[34] Mein vierjähriger Bruder verstand nicht, was geschehen war, dass er immer hungrig war. Er sagte immer zu mir: „Krystyna, du gehst zur Arbeit. Wenn du zur Arbeit gehst, kauf mir was, ich bin hungrig." – „Aber ich habe kein Geld." - „Aber du arbeitest, dann hast du doch Geld." Wie sollte ich ihm das erklären? Und er wartete immer an der Baracke auf mich, wenn ich zurückkam und fragte immer: „Hast Du etwas zu essen für mich?" Irgendwann sagte ich: „Die Geschäfte waren zu." Ich habe immer eine Ausrede gesucht. Dann ging er traurig weg, ich hatte ihm nichts mitgebracht. Ich fragte mich, was ich für ihn tun könnte. Er hat mir so leidgetan; so klein, so blass, krank.

Einmal wurde gesagt: wenn jemand sich zu schwerer Arbeit freiwillig meldet, bekommt er eine Zulage zum Essen. Da waren Männer, die sich hinstellten, und ich sagte mir, ich gehe auch dahin, vielleicht bekomme ich ein bisschen etwas zum Essen. Wir wussten nicht, ob wir wirklich etwas bekommen würde. Aber ich ging dorthin und stellte mich zu den Männern. Die Männer haben geschaut: „Du Mädchen, hau ab, du bist zu schwach. Das ist immer eine schwere Arbeit. Du bekommst das

---

[33] Dzienna racja żywnościowa wynosiła 250 gramów chleba, do którego czasami dodawano niewielką ilość margaryny lub dżemu buraczanego, oraz 3/4 litra chudej zupy. Jedzenie było złej jakości. Naprzykład zupy były często gotowane z zepsutym mięsem, czasem z robakami. (Informacje na stronie https://tygodnikbydgoski.pl Wydarzenia w obozie pracy w Potulicach)

[34] Die Tagesration betrug 250 Gramm Brot, zu dem manchmal eine kleine Menge Margarine oder Rote-Bete-Marmelade hinzugefügt wurde, sowie 3/4 Liter dünne Suppe. Das Essen war von schlechter Qualität. Zum Beispiel wurden Suppen oft mit verdorbenem Fleisch gekocht, manchmal mit Würmern. (Information bei https://tygodnikbydgoski.pl Ereignisse im Arbeitslager Potulice)

Spadaj, bo z tobą będzie nam tylko ciężko. Nie możesz tutaj stać."

"Nie, ja mogę wykonywać każdą pracę. Jestem silna." Tak prawda, byłam niebieska pod oczami. Nie wiedziałam, jak daleko to sięga. "Dobrze, ostrzegaliśmy cię." Więc poszłam.

Doszliśmy do miejsca, gdzie była wielka kupa skał, wielkich skał. Strażnik wszedł na górę, a kobiety - było ich tam kila starszych - zawsze dostawały skrzynkę, aby nieść ją we dwie, i miałyśmy napełnić skrzynkę kamieniami, a potem ją zanieść. Mężczyźni budowali z tego drogę. Sama pusta skrzynia była już ciężka. Ale miałyśmy załadować ją do pełna i tak robiłyśmy, żeby nie mówiono, że Polacy są leniwi.

Poszłam z kobietą i razem niosłyśmy skrzynię. Wtedy strażnik krzyknął: "z powrotem, z powrotem!" i wepchnął do naszej skrzyni jeszcze dwa kamienie. Skrzynia była tak ciężka. To było nie do udźwignięcia. Ale kobieta podniosła ją, a strażnik krzyknął: "Szybko!", bo doszli inni ze skrzyniami. Spróbowałam raz, nie udało się, drugi raz nie udało się, za trzecim razem strażnik krzyknął: "Cholerni Polacy, szybciej!".

Podniosłam skrzynię z całej siły, aż krew poleciała z mojego nosa do moich ust. Rękawem wytarłam krew i z całej siły podniosłam skrzynkę. Szłam jak pijana, tak ciężkie było to pudło. Pod koniec dnia

nicht fertig. Hau ab, denn wir werden mit dir nur Kummer haben. Du kannst hier nicht stehen."
„Nein, ich kann jede Arbeit tun. Ich bin stark." Ja, ich hatte blau unterlaufene Augen. Ich wusste nicht, wie weit ging es. „Gut, wir haben dich gewarnt." Ich ging also.

Wir kamen an eine Stelle, da war ein großer Haufen Steine, große Steine. Und der Wachmann kletterte auf den Haufen und Frauen – da waren ein paar ältere Frauen – bekamen immer zu zweit eine Kiste zum Tragen, und wir sollten die Kiste voll Steine machen und dann wegbringen. Die Männer haben damit eine Straße gebaut. Schon leer war die Kiste schwer. Aber wir sollten sie vollladen und haben das gemacht, damit nicht gesagt würde, dass die Polen faul wären.
Ich ging mit einer Frau und wir trugen gemeinsam eine Kiste. Da schrie der Wachmann: „Zurück, zurück!" und schob dann noch zwei Steine in unsere Kiste hinein. Die Kiste war so schwer. Die konnte man unmöglich tragen. Aber die Frau hob an, und der Wachmann schrie: „Schnell!", denn es kamen wieder andere mit Kisten an. Ich versuchte es einmal, ging nicht, ein zweites Mal ging nicht, beim dritten Mal schrie der Wachmann: „Verfluchte Polen, schneller!"
Ich hob die Kiste mit meiner ganzen Kraft hoch, bis mir das Blut aus der Nase in den Mund lief. Mit dem Ärmel wischte ich das Blut weg, und hob mit ganzer Kraft die Kiste hoch. Wie besoffen ging ich, so schwer war

zamknęłam oczy. Kobieta ciągnęła mnie za sobą. Ze zmęczenia prawie wypadły mi oczy, bo to było takie ciężkie.

Wtedy zobaczyłam, że coś się dzieje. Mężczyźni tam stali. Wtedy dostaliśmy działkę. Co to było? Był to bardzo bardzo cienki plasterek końskiej kiełbasy. Był tak cienki, że prawie przezroczysty. Ale była wędzona, a jak ładnie pachniała. Mężczyźni od razu włożyli kiełbasę do ust. Nie można było się nasycić tym kawałkiem. Wzięłam kromkę do ręki. Tak ładnie pachniało. Byłam taka głodna. Ale chciałam zanieść to bratu. Ta kiełbasa tak ładnie pachniała. Pomyślałam, że jak to zjem, to nikt się nie dowie. Nikt nie wiedział, że się zgłosiłam, ani moja matka. Więc jeśli to zjem, to też nikt się nie dowie. Prawie zjadłam kiełbasę. Ale mój brat znów zapytałby się: "Krystyna, masz coś dla mnie?". Wyobraźcie sobie wewnętrzną walkę: zjeść to czy zabrać do domu, do brata? Powiedziałam sobie, że muszę mu coś przynieść i zacisnęłam pięść. Pokonałam swoją słabość. Wróciłam na obóz, z kiełbasą w pięści.

Gdy byłam przy bramie, zobaczyłam brata stojącego przy baraku. On mnie jeszcze nie widział, bo w tym czasie dużo ludzi przychodziło do obozu, a on mnie szukał. Taki mały, taki blady, taki smutny, stał i szukał mnie wśród ludzi. Gdy podeszłam bliżej, podbiegł do mnie: "Krystyna, przyniosłaś mi coś do jedzenia? Jestem tak

die Kiste. Am Ende des Tages hatte ich die Augen geschlossen. Die Frau zog mich. Mir sind die Augen beinahe ausgefallen vor Erschöpfung, weil das so schwer war.
Dann sah ich, dass da etwas los war. Die Männer standen da. Da haben wir die Zuteilung bekommen. Was war das? Das war eine ganz ganz dünne Scheibe Pferdewurst. Sie war so dünn, sie war fast durchsichtig. Aber sie war geräuchert und wie gut sie roch. Die Männer steckten die Wurst gleich in den Mund. Von der Scheibe konnte man nicht satt werden. Ich nahm die Scheibe auf die Hand. Wie das roch. Ich war so hungrig. Aber ich wollte das meinem Bruder bringen. Doch die Wurst roch so gut. Ich dachte mir, wenn ich sie aufesse, wird das niemand erfahren. Niemand wusste, dass ich mich gemeldet hatte, meine Mutter nicht. Also wenn ich das aufesse, wird das auch niemand erfahren. Beinahe hätte ich die Wurst schon aufgegessen. Aber dann würde mein Bruder fragen: „Krystyna, hast du was für mich?" Stellt euch den inneren Kampf vor: aufessen oder dem Bruder mitnehmen? Ich sagte mir, ich muss ihm etwas mitbringen. und ich machte die Faust zu. Ich habe meine Schwäche besiegt. Ich kam so ins Lager mit der Wurst in der Faust.

Als ich am Tor war, sah ich meinen Bruder, wie er an der Baracke stand. Er hatte mich noch nicht gesehen, denn es kamen ja viele Leute zu dieser Zeit ins Lager, und er suchte mich. So klein, so blass, so traurig stand er da und suchte mich zwischen den Leuten. Als ich näher kam lief er zu mir: „Krystyna,

głodny." Powiedziałam: "Tak!" i rozluźniłam pięć, a na jego twarzy po raz pierwszy od naszego pobytu w obozie pojawił się śmiech.

Mówi: "Krystyna, przyniosłaś mi kiełbasę. To jest kiełbasa." Jaki był szczęśliwy. Wziął kiełbasę z mojej ręki do ostatniego kawałka i włożył do ust. I jak zobaczyłam, jaki jest szczęśliwy, jaki zadowolony, pobiegł do mojej mamy do baraku i powiedział jej: "Mamusiu, Krystyna przyniosła mi kiełbasę". Moja mama powiedziała: "Nie, to niemożliwe. Skąd ona mogła wziąć kiełbasę?" - "Nie chcesz w to wierzyć, zobacz." Miał jeszcze kiełbasę na języku i otworzył usta, pokazując kiełbasę matce.

"Krystyna przyniosła mi kiełbasę".
Byłam bardzo szczęśliwa, że to zrobiłam. Nie był najedzony po tym plasterku kiełbasy. Ale był taki szczęśliwy, śmiał się, po raz pierwszy widziałam go śmiejącego się w obozie. To była nagroda za to, że to dla niego zrobiłam.

Moja matka zaczęła się mnie wypytywać. Opowiedziałam wszystko matce. Nie odezwała się ani słowem. Ale nigdy więcej nie zgłosiłam się do takiej pracy. Bo wiedziałam, że już bym nie dała rady.

Obóz - nadzieja

Nie mieliśmy żadnych wiadomości z zewnątrz.
My w Polsce jesteśmy w około 90%

hast du mir etwas zum Essen mitgebracht? Ich bin so hungrig." Ich sagte: „Ja!" und habe meine Faust aufgemacht und ich sehe, wie er zum ersten Mal seit wir im Lager waren ein Lachen im Gesicht zeigt.
Er sagt: „Krystyna, du hast mir Wurst gebracht. Das ist Wurst." Wie er sich gefreut hat. Er hat bis zum letzten Stück von meiner Hand die Wurst genommen und in den Mund gesteckt. Und als ich sah, wie glücklich er war, wie er sich gefreut hat, lief er zu meiner Mutter in die Baracke und sagte zu ihr: „Mutti, Krystyna hat mir Wurst mitgebracht." Meine Mutter sagte: „Nein, das ist doch unmöglich. Woher konnte sie Wurst haben?" – „Du willst das nicht glauben, schau mal." Er hatte die Wurst noch auf der Zunge, und machte den Mund auf, und zeigte die Wurst der Mutter.
„Krystyna hat mir Wurst mitgebracht."
Ich war so glücklich, dass ich das gemacht hatte. Von der Scheibe Wurst war er nicht satt. Aber er war so glücklich, er hat gelacht, zum ersten Mal habe ich ihn im Lager lachen sehen. Das war der Lohn dafür, dass ich das für ihn gemacht habe.
Meine Mutter hat mich dann ausgefragt. Ich erzählte alles meiner Mutter. Sie hat kein Wort gesagt. Aber ich habe mich niemals mehr zu einer solchen Arbeit gemeldet. Denn ich wusste, dass ich das nicht mehr schaffen würde.

Das Lager – die Hoffnung

Wir hatten keine Nachrichten von außen.
Wir in Polen sind zu rund 90% katholisch. Wie wir im Lager gebetet haben, dass wir

katolikami. Jak bardzo się modliliśmy w obozie, żebyśmy przeżyli. Zawsze mieliśmy nadzieję, że jednak się wydostaniemy. Moja matka powiedziała: "Pewnego dnia wojna musi się skończyć. Może wrócimy do domu."

Czasami byłam tak chora. Mówiłam: "Mamo, ja nie wracam do pracy. Zostaję w baraku. Nie obchodzi mnie, czy umrę dziś czy jutro. Nie obchodzi mnie to. Chcesz, żebym położyła się na drodze? Zostanę w baraku. Jestem tak chora, jestem tak słaba, że nie pójdę". Moja mama mówiła mi: "Krystyna, Pan Bóg dopuszcza tylko tyle bólu, tyle cierpienia, ile człowiek jest w stanie znieść. A jak nie wytrzyma, to dobry Bóg go zabierze. Spróbuj innego dnia, idź do pracy. Zrób to dla mnie. Tylko jeden dzień. Może jutro będzie lepiej."

Zawsze mawiała: "Chcesz dzisiaj umrzeć? Może jutro zostaniemy zbawieni".

A moja mama mówiła też: "Bóg obciąża nas tylko tym, ile jesteśmy w stanie unieść, a jeśli nie dajemy rady, to idziemy do Niego".

Nie wiedzieliśmy, czy wojna szybko się skończy. Jedno dawało nadzieję drugiemu. Pewnego razu przyszedł człowiek i powiedział: "Nie mogłem spać w nocy, a słyszałem i widziałem, leciał angielski samolot, front musi być już blisko". Zapytaliśmy: "Jak można powiedzieć, że był tam angielski samolot?". Powiedział, że zauważył angielskie znaki. Myśleliśmy, że to niemożliwe.

Ale wierzyliśmy: "Może tak jest, może tak

überleben. Wir hatten immer die Hoffnung, dass wir doch herauskommen. Meine Mutter sagte: „Einmal muss der Krieg zu Ende gehen. Vielleicht kommen wir nach Hause." Manchmal war ich so krank. Ich sagte: „Mutti, ich gehe nicht mehr zur Arbeit. Ich bleibe in der Baracke. Mir ist es egal, ob ich heute oder morgen sterbe. Mir ist es egal. Soll ich auf dem Weg liegen bleiben? Ich bleibe in der Baracke. Ich bin so krank, ich bin so schwach, ich gehe nicht." Meine Mutter sagte mir immer: „Krystyna, der Herrgott lässt nur so viel Schmerz, so viel Leid zu, wie der Mensch aushalten kann. Und wenn er das nicht aushalten kann, dann nimmt der liebe Gott ihn zu sich. Versuch noch einen Tag, geh zur Arbeit. Mach das für mich. Nur einen Tag. Vielleicht wird es morgen besser sein."

Sie sagte immer: „Du willst heute sterben? Vielleicht werden wir morgen befreit."

Und meine Mutter sagte auch: „Gott lädt uns nur so viel auf, wie wir tragen können, und wenn wir es nicht schaffen können, dann kommen wir zu Ihm."

Wir wussten nicht, ob der Krieg schnell zu Ende ist. Einer hat dem anderen die Hoffnung gegeben. Einmal kam ein Mann und sagte: „Ich konnte in der Nacht nicht schlafen, und ich habe gehört und gesehen, da ist ein englisches Flugzeug geflogen, und die Front muss schon in der Nähe sein." Wir fragten: „Wie kannst du sagen, dass da ein englisches Flugzeug war?" Er meinte, er hätte englische Zeichen entdeckt. Wir dachten, das ist unmöglich. Aber wir glaubten: „Vielleicht doch, vielleicht doch." Und das war die Hoffnung. Vielleicht war

jest". I to była nadzieja. Może tak było.
Jeden z nich powiedział: "Czy słyszeliście w nocy grzmot armat z daleka? Było to słychać. Front jest blisko".[35]

Nic nie słyszeliśmy. Ale powiedzieliśmy: "Może tak było".
To była nasza nadzieja. Trzymaliśmy się wszystkiego, co mogło dać nam nadzieję.

Może zostaniemy uwolnieni.
Moja mama zawsze dawała nam tyle siły. Bo ja byłam w obozie tylko z matką i z dwoma braćmi. Ojciec został natychmiast przeniesiony do innego obozu, a potem już go po prostu nie było. Nie wiedzieliśmy, czy żyje, gdzie jest. Moja siostra również została wybrana do innego obozu. Moja matka powiedziała: "Wszyscy zostaniemy rozdzieleni. Po wojnie już nigdy nie będziemy razem". Nikt nie wiedział nic o innych.

Raz zostałam też wybrana do kolumny, która szła na zewnątrz do innego obozu. Ale ponieważ tak długo stałam na placu, poczułam się tak źle, że zemdlałam i przewróciłam się. Gdy ktoś upadł i był prawie martwy, ludzi wrzucano na wielką kupę. Niektórzy wracali do siebie po jakimś

das so. Eine hat gesagt: „Habt ihr in der Nacht gehört, den Kanonendonner von weit her? Es war zu hören. Die Front ist in der Nähe."[36]
Wir hatten nichts gehört. Aber wir sagten: „Vielleicht war das so."
Das war unsere Hoffnung. Wir haben uns an alles gehalten, was uns Hoffnung geben konnte.
Vielleicht werden wir befreit.
Und meine Mutter hat uns immer so viel Kraft gegeben. Denn ich war im Lager nur mit meiner Mutter und meinen zwei Brüdern. Mein Vater wurde gleich einem Kommando in einem anderen Lager überstellt, und war dann einfach weg. Wir wussten nicht, ob er lebt, wo er ist. Meine Schwester wurde auch ausgewählt in ein anderes Lager. Meine Mutter sagte: „Wir werden alle zerstreut. Nach dem Krieg werden wir niemals mehr zusammenfinden." Keiner wusste etwas vom anderen.
Einmal wurde ich auch in eine Kolonne gewählt, die nach außen ging zu einem anderen Lager. Aber weil ich so lange auf dem Platz stillstand, war es mir so schlecht, mir wurde ohnmächtig und bin umgefallen. Wenn einer umgefallen und fast tot war, wurden die Leute auf einen großen Haufen geschmissen. Manche kamen nach einer Weile wieder zu sich. Nach einiger Zeit war

---

[35] Nieuchronnie nasuwa się skojarzenie z powieścią Jurka Beckera "Jakub kłamca". Jakob Heym podsłuchuje przez radio z posterunku SS przy wejściu do getta przypadkową informację, że Rosjanie są już pod Bezaniką i przełamują front. Od tej pory jego zadaniem jest wymyślanie nowych informacji i zachęcanie ludzi: przestańcie nie mieć nadziei.
[36] Unweigerlich wird man hier an Jurek Beckers Roman „Jakob der Lügner" erinnert. Jakob Heym erhascht aus dem Radio des SS-Posten am Ghetto-Eingang die Zufallsinformation, dass die Russen bereits bei Bezanika stehen und die Front durchbrechen. Von da an ist es seine Aufgabe, neue Informationen zu erfinden und die Menschen zu ermutigen: hört auf, keine Hoffnung zu haben.

czasie. Po chwili znów się obudziłam: "Gdzie ja jestem? Obszar apelowy jest wolny. Nikogo nie ma." Wiec zaszłam na czworakach z kupy do baraku i żyłam.

Mama opowiadała nam, jak bajkę: "Cierpimy dla Ojczyzny. Kiedy wojna się skończy, wrócimy do domu. Wszystko, co straciliśmy, odzyskamy i dostaniemy jeszcze lepsze dary.

Ludzie będą mówić: to byli Polacy".

ich wieder wach: „Wo bin ich? Der Appellplatz ist frei. Kein Mensch." Da bin ich auf allen vieren vom Haufen in die Baracke gegangen und ich lebte.

Meine Mutter erzählte uns, wie ein Märchen: „Wir leiden für das Vaterland. Wenn der Krieg zu Ende geht, kommen wir nach Hause. Alles, was wir verloren haben, bekommen wir zurück, und bekommen noch Besseres.

Die Leute werden uns sagen: das waren Polen."

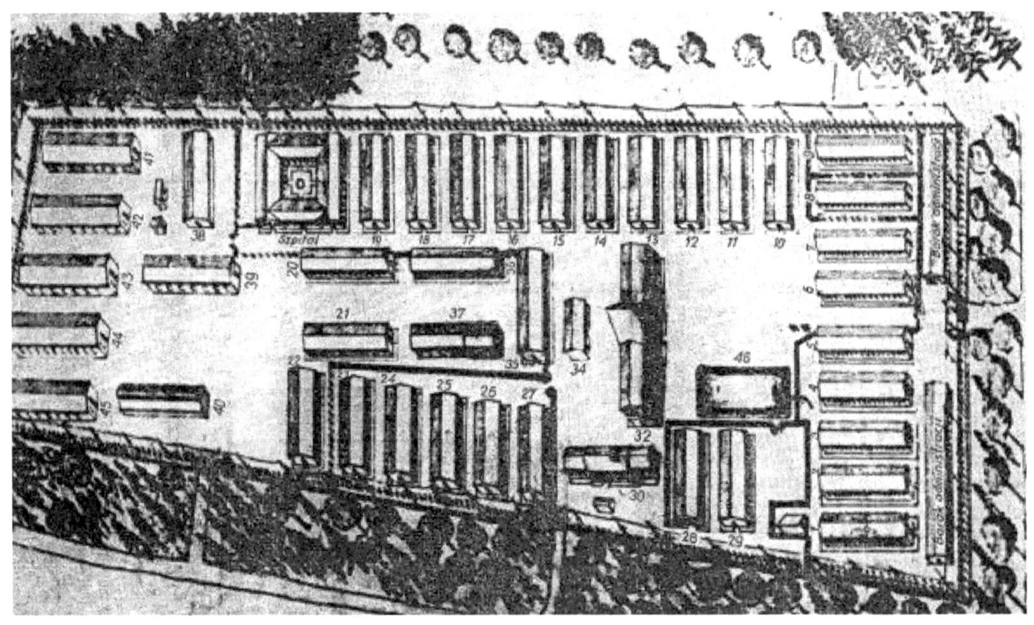

Plan obozu w Potulicach - Plan vom Lager Potulice
Legenda: 1–18 – baraki dla więźniów, 19 – barak dla chorych na gruźlicę, 20–27 – baraki więźniarskie, dziecięce, 30 – piekarnia, 32 – kuchnia, 34 – magazyn, 35–37 – warsztaty obozowe, 38–45 – zakłady lotnicze „Hansenwerke", 46 – basen przeciwpożarowy.
Legende: 1-18 - Häftlingsbaracken, 19 - Tuberkulosebaracken, 20-27 - Kinderhäftlingsbaracken, 30 - Bäckerei, 32 - Küche, 34 - Lager, 35-37 - Lagerwerkstätten, 38-45 - Flugzeugfabrik "Hansenwerke", 46 - Feuerlöschbecken.[37]

---

[37] Żywi i martwi o hitlerowskim obozie Potulice (1941–1945), red. T. Samselski, Bydgoszcz 2000, s. 69.

Wyzwolenie

Jak wyglądało wyzwolenie.

Powiedziano nam, żebyśmy się przygotowali, że zostaniemy przeniesieni do innego obozu.[38] To miała być długa droga. Ci, którzy byli słabi, starcy lub dzieci, powinni pozostać na miejscu, wtedy zostaliby przewiezieni do drugiego obozu samochodami. Nikt nie przyjechał, wszyscy zostali zastrzeleni. Ale wszyscy, którzy mogli trochę chodzić, poszli. Niemcy nie chcieli nas wypuścić. Poszliśmy pieszo, ale pojechał z nami samochód z kartoteką osobową. Dokumentacja obozu wraz z naszymi aktami osobowymi znajduje się w archiwum. Nazwano go "obozem politycznym".

Maszerowaliśmy po śniegu, nie wiedząc, dokąd idziemy. W pewnym momencie zauważyliśmy, że nie było tam już dwóch strażników. Potem zniknął kolejny. Coraz mniej było widać strażników. Nagle pojawiły się domy i jacyś ludzie uciekający. Ale nikt ich nie widział, nikt nie strzelał. Doszliśmy do wioski i nie było już strażników. Byliśmy wolni.

Obóz znajdował się niedaleko Grudziądza. Kiedy jednak wracaliśmy do domu pieszo, szliśmy w kierunku frontu. Więc musieliśmy czekać przed naszym miastem, bo ono nie było jeszcze wyzwolone. Około 15 km od naszego miasta czekaliśmy w szkole. Siedzieliśmy tam, a nad nami słychać było

Die Befreiung

Wie die Befreiung aussah.

Uns wurde gesagt, wir sollten uns fertig machen, wir würden in ein anderes Lager kommen.[40] Das würde ein langer Weg sein. Wer schwach sei, alte Leute oder Kinder, sollte im Lager bleiben. Dann würden sie mit Autos in das andere Lager gebracht. Niemand kam an, alle wurden erschossen. Aber jeder, der nur ein bisschen gehen konnte, ging. Die Deutschen wollten uns nicht frei lassen. Wir gingen zu Fuß, aber ein Auto mit der ganzen Personen-Kartei von uns, fuhr mit uns. Die Dokumentation des Lagers mit unseren Personaldokumenten ist in einem Archiv. Es wurde „politisches Lager" genannt.

Wir marschierten im Schnee und wussten nicht, wohin es geht. Irgendwann merkten wir, dass zwei Wachleute nicht mehr da waren. Dann war wieder einer verschwunden. Es waren immer weniger Wachleute zu sehen. Auf einmal waren Häuser zu sehen und einige Menschen liefen weg. Aber niemand sah sie, keiner schoss. Wir kamen in ein Dorf und es waren keine Wachleute mehr da. Wir waren frei.

Das Lager war nicht weit von Grudziądz entfernt. Als wir zu Fuß nach Hause gingen, gingen wir allerdings Richtung Front. Wir mussten also vor unserer Stadt warten, denn sie war noch nicht befreit. Ungefähr 15 km von unserer Stadt entfernt haben wir in einer Schule gewartet. Da saßen wir und

---

[38] Miało to miejsce 21 stycznia 1945 r. (op. cit. https://tygodnikbydgoski.pl)

[40] Dies war am 21. Januar 1945. (A.a.O. https://tygodnikbydgoski.pl)

samoloty bombardujące nasze miasto. I zobaczyliśmy ogień. Przez osiem tygodni w naszym mieście toczyły się walki. Niemcy zabarykadowali się w twierdzy. Kiedy miasto zostało wyzwolone, przeprawiliśmy się przez Wisłę. W mieście wciąż leżeli na ulicy ludzie, zastrzeleni, wciąż krwawiący.

Moja mama spojrzała, pali się, nasze mieszkanie jest w tamtą stronę, może się pali nasze mieszkanie.
A potem wróciliśmy do domu. Doszliśmy do pustego mieszkania. Jedna ściana była całkowicie zniszczona, padła tam bomba. Mogliśmy spać tylko po jednej stronie mieszkania.
W obozie leżałam na pryczy, bez przykrycia. A w domu leżałam na podłodze, też nie miałam się czym przykryć. Spaliśmy na podłodze. Był styczeń, gdy wyszliśmy z obozu. Grudziądz został wyzwolony w marcu.[39]
Byliśmy w drodze przez dwa miesiące. Teraz nadal byliśmy głodni, ale cieszyliśmy się, że byliśmy wolni. Nie możecie sobie wyobrazić, co oznacza wolność. Mogliśmy rozmawiać, mogliśmy chodzić gdziekolwiek. Już nie patrzyliśmy na słońce przez drut kolczasty. Byliśmy wolni.

Kiedy po wojnie odnaleźliśmy się, byliśmy szczęśliwi. Najpierw przyszedł mój ojciec, potem siostra. Ojciec poszedł najpierw do

über uns hörten wir die Flieger, wie sie unsere Stadt bombardierten. Und wir sahen dann Feuer. 8 Wochen lang wurde in unserer Stadt gekämpft. In der Festung hatten sich die Deutschen verbarrikadiert. Als die Stadt befreit war gingen wir über die Weichsel. In der Stadt lagen noch erschossene Menschen auf der Straße, sie bluteten noch. Meine Mutter schaute, da brennt es, in dieser Richtung ist unsere Wohnung, vielleicht brennt unsere Wohnung.
Und dann kamen wir nach Hause. Wir kamen in eine leere Wohnung. Eine Wand war ganz zerstört, eine Bombe war hineingefallen. Wir konnten nur auf einer Seite in der Wohnung schlafen.
Im Lager lag ich auf einer Pritsche, nichts zum Zudecken. Und zuhause lag ich auf dem Boden, auch nichts zum Zudecken. Auf dem Boden schliefen wir. Es war Januar, als wir aus dem Lager kamen. Grudziądz wurde im März befreit.[41]
Wir waren zwei Monate unterwegs gewesen. Jetzt waren wir weiter hungrig, aber wir waren glücklich, dass wir frei waren. Ihr könnt euch nicht vorstellen, was Freiheit bedeutet. Wir konnten sprechen, wir konnten überall hingehen. Wir schauten nicht mehr durch den Stacheldraht auf die Sonne. Wir waren frei.
Als wir uns gefunden hatten nach dem Krieg, waren wir glücklich. Erst kam mein

---

[39] Grudziądz został okrążony przez Armię Czerwoną 9 lutego 1945 r. Dopiero 6 marca 1945 r. niemiecki okupant poddał się z armią liczącą ok. 9 tys. ludzi. W trakcie walk zniszczeniu uległo około 60% miasta.
[41] Grudziądz wurde am 9. Februar 1945 von der Roten Armee eingekesselt. Erst am 6. März 1945 kapitulierten die deutschen Besatzer mit einer Armee von ca. 9.000 Mann. Im Zuge der Kampfhandlungen wurde die Stadt zu etwa 60 % zerstört.

pracy, do pensjonatu. I widzi pana Gräbera, naszego sąsiada, z którym pracował przez 16 lat. A on patrzy na mojego ojca i mówi do niego: "Panie Kozak, pan żyje?". Wiadomo było, że Polacy wchodząc do obozu, już z niego nie wyjdą.

Vater, dann meine Schwester. Mein Vater ging zuerst zur Arbeit, in die Gastanstalt. Und er sieht Herrn Gräber, unseren Nachbarn, mit dem er 16 Jahre gearbeitet hat. Und er schaut meinen Vater an und sagte zu ihm: „Herr Kozak, Sie leben?" Es war bekannt geworden, wenn die Polen ins Lager gehen, kommen sie nicht mehr heraus.

Zburzony Grudziądz po II Wojnie Światowej - Das zerstörte Grudziądz nach dem II. Weltkrieg

Tak więc odnaleźliśmy się jako rodzina. Tylko moja siostra Helena, która była u rodziny niemieckiej w Niemczech, w Augsburgu, wróciła dopiero po dwóch latach, dopiero wtedy ją znaleźliśmy.

So fanden wir uns als Familie wieder. Nur meine Schwester Helena, die bei der deutschen Familie in Deutschland, in Augsburg war, kam erst nach zwei Jahren wieder, da haben wir sie erst gefunden.

Rodzina Kozaków 1949/1950, Krystyna Kozak w środku po prawej.
Familie Kozak 1949/1950, Krystyna Kozak in der Mitte rechts

Zawsze pisaliśmy listy na ten adres, który mieliśmy, ale nikt nie odpowiadał. Myśleliśmy, że ona nie żyje. Po dwóch latach udało się ją odnaleźć.[42]

Pojednanie? - Pojednanie!

Kiedy tu w Polsce zaczęto mówić o pojednaniu, nie było to łatwe.[43] Biskupi, księża mówili nam, żebyśmy wybaczyli Niemcom. Powiedziałam: "Nigdy tego nie zrobię, nigdy".
Powiedziałam: "Niech sobie Niemcy żyją szczęśliwie, nie życzę im źle, ale mnie zostawcie w spokoju. Nie wybaczę."
Kiedy nie mogłam spać w nocy z powodu bólu, kiedy moja poduszka była mokra od łez. Tak mnie bolało, powiedziałam:
Mam wybaczyć Niemcom? Przecież ja Niemcom nic złego nie zrobiłam. A tyle przeszłam.
Zostawcie mnie w spokoju.
Ale nie, zawsze była mowa o pojednaniu.

Wir hatten vorher immer Briefe zu der Adresse geschrieben, die wir hatten, aber niemand antwortete. Wir dachten, sie sei tot. Nach zwei Jahren haben wir sie dann gefunden.[44]

Versöhnung? – Versöhnung!

Als bei uns in Polen von der Versöhnung gesprochen wurde, war das nicht einfach.[45] Die Bischöfe, die Priester sagten uns, wir sollten den Deutschen vergeben. Ich sagte: „Niemals werde ich das tun, niemals." Ich habe gesagt: „Lasst die Deutschen glücklich leben, ich wünsche ihnen nichts Böses, aber lasst mich in Ruhe. Ich werde nicht vergeben." Wenn ich vor Schmerzen nachts nicht einschlafen konnte, wenn mein Kissen nass von Tränen war. Ich hatte solche Schmerzen, da sagte ich: ich soll den Deutschen vergeben? Ich habe den Deutschen doch nichts Böses getan. Und ich musste so viel durchmachen. Aber lasst mich in Ruhe. Aber nein, es wurde immer wieder von Versöhnung gesprochen.

---

[42] Siostra Helena, której nie widać już na zdjęciu rodzinnym z lat 1949/1950 (patrz poniżej), wstąpiła do zakonu żeńskiego jako zakonnica. I jak to w historii małego świata bywa, w 2002 r. nastąpił kontakt z jednym z dzieci, którym siostra ta opiekowała się najpierw w Grudziądzu, a potem w Augsburgu. Jeden z synów przeprowadził się do Kolonii i tam odbyło się osobiste spotkanie w 2003 r. Siostra ta zmarła kilka lat temu.

[43] Pojednanie to rozpoczęło się od kontaktów między biskupami polskimi i niemieckimi podczas Soboru Watykańskiego II (1963-1965). 6 marca 1966 r. kardynał Wyszyński, jako prymas polskiego Kościoła katolickiego, kazał odczytać z ambon list pasterski o pojednaniu.

[44] Diese Schwester Helena, die auf dem Familienfoto 1949/1950 (s.u.) nicht mehr zu sehen ist, ging als Nonne in einen Frauenorden. Und wie die kleine Weltgeschichte manchmal läuft, kam es im Jahr 2002 zu einem Kontakt zu einem der Kinder, welche diese Schwester zunächst in Grudziądz, dann in Augsburg betreute. Ein Sohn war nach Köln gezogen und es kam dann zu einer persönlichen Begegnung dort im Jahr 2003. Diese Ordensschwester ist vor einigen Jahren verstorben.

[45] Diese Versöhnung begann mit den Kontakten polnischer und deutscher Bischöfe während des II. Vatikanischen Konzils (1963-1965). Am 6. März 1966 ließ Kardinal Wyszinski als Primas der polnischen katholischen Kirche einen Hirtenbrief zur Versöhnung von den Kanzeln verlesen.

Po jakimś czasie, a trwało to długo, pomyślałam: "No cóż, jestem katoliczką. Każdego dnia modlę się: odpuść nam nasze winy jako i my odpuszczamy naszym winowajcom. Jeśli dobry Bóg ma mi przebaczyć moje winy, to z pewnością ja też muszę przebaczyć innym."

I tak też postąpiłam. W przeciwnym razie nie byłoby mnie tutaj w Niemczech. Ja to zrobiłam. Nie mam nienawiści do was, Niemców. Inaczej by mnie tu nie było. Bardzo się cieszę, gdy widzę, że żyjecie w lepszych czasach. Ponieważ często bywam w szkołach. Młodzi ludzie rozmawiają razem na przerwach, śmieją się, żartują. A ja patrzę, nie jestem zazdrosna. Jak miło spędzicie czas. Możecie się uczyć, to jest ważne. Ja nigdy nie mogłam dalej się uczyć. Musiałam iść do pracy, nie mieliśmy nic. Wróciłyśmy do domu tak jak tam staliśmy.

Możecie się uczyć, doceńcie to. Nie ma znaczenia, czy ktoś ma ładną kurtkę lub spodnie określonych marek.

W kraju sprawców

Kiedy miałam po raz pierwszy przyjechać do Niemiec, zapytano mnie: "Chcesz jechać do kraju sprawców? Ty chcesz coś opowiedzieć niemieckiej młodzieży? Nie będą chcieli cię słuchać. Urodzili się po wojnie".

Tak, zaczęłam spoglądać na to z nie ufnością i bałam się tu przyjechać. To prawda. Urodziliście się po wojnie. Urodziliście się po wojnie, nie jesteście winni temu wszystkiemu. Ale jest zupełnie inaczej, gdy

Nach einiger Zeit, es hat lange gedauert, da habe ich so überlegt: „Naja, ich bin katholisch. Jeden Tag bete ich: vergib uns unsere Schuld, wie auch wir vergeben unseren Schuldigern. Wenn mir der liebe Gott meine Schuld vergeben soll, muss ich doch auch den anderen vergeben."

Ich habe es getan. Sonst wäre ich nicht hier in Deutschland. Ich habe das getan. ich habe keinen Hass auf euch Deutsche. Sonst wäre ich nicht hier. Ich bin sehr glücklich, wenn ich sehe, dass ihr in besseren Zeiten lebt. Denn ich bin oft in Schulen. Die jungen Leute sprechen in den Pausen zusammen, lachen, machen Spaß. Und ich schaue, ich bin nicht eifersüchtig. Wie schöne Zeiten ihr habt. Ihr könnt lernen, das ist wichtig. Ich konnte nicht weiter lernen. Ich musste zur Arbeit gehen, wir hatten nichts. So wie wir standen, kamen wir nach Hause.

Ihr könnt lernen, schätzt das. Es ist nicht wichtig, ob jemand eine schöne Jacke oder Hose hat von bestimmten Marken.

Im Land der Täter

Als ich das erste Mal nach Deutschland kommen sollte, fragte man mich: „Du willst in das Land der Täter gehen? Und du willst der deutschen Jugend etwas erzählen? Die werden dich nicht hören wollen. Die sind doch nach dem Krieg geboren."

Ja, da wurde ich misstrauisch und hatte Angst herzukommen. Das ist wahr. Ihr seid nach dem Krieg geboren, ihr habt keine Schuld an all dem. Es ist aber etwas ganz

czytasz książkę lub oglądasz film, niż gdy słuchasz współczesnego świadka, który opowiada o swoim życiu.

Chodzi mi o to, że jest to bardziej zrozumiałe, o to mi chodzi. Jestem bardzo szczęśliwa, że mogłam tu przyjechać.

Dobrze mi robi, że słuchacie mnie tak długo. Chodzi mi o to, że mnie rozumiecie. Może uda wam się coś zmienić w swoim życiu. Może zrozumieliście, co jest naprawdę ważne. Kiedy mówię, wiem, że mnie słuchacie. Ale co o tym myślicie, nie wiem. Czasami dostaję listy, które sprawiają, że czuję się dobrze. Bo wtedy wiem, że moje wysiłki nie poszły na marne, że zrozumieliście.

Pewnego razu uczennica napisał do mnie list. Dziewczyna napisała: "Jestem sama w domu. Mój ojciec i matka pracują, a ja mam wszystko.

Rodzice kupują mi to, co zechcę. I już nie wiem, co sobie życzyć.

Ale kiedy usłyszałam pani historię, powiedziałam sobie, że już niczego nie chcę. Jestem wolna, nie ma wojny, czego więcej chcieć".

Moja odpowiedzialność

Czuję się w obowiązku opowiedzieć o tym czasie. Zawsze mówię to w imieniu tych, którzy nie przeżyli obozu, ale także w imieniu tych, którzy jeszcze żyją, ale nie mogą przyjechać do Niemiec.

Moja siostra jest tylko o rok starsza ode mnie i też zna niemiecki. Ona jest taka

anderes, wenn man ein Buch liest oder einen Film sieht, als wenn man einem Zeitzeugen zuhört, der das von seinem Leben erzählt.

Ich meine, das ist eher zu verstehen, so meine ich. Ich bin sehr glücklich, dass ich hierherkommen konnte.

Es tut mir gut, wenn ihr mir so lange zuhört. Ich meine, dass ihr mich verstanden habt. Vielleicht könnt ihr in eurem Leben etwas ändern. Vielleicht habt ihr verstanden, was wirklich wichtig ist. Wenn ich spreche, weiß ich, dass ihr zuhört. Aber was ihr darüber denkt, weiß ich nicht. Aber manchmal bekomme ich Briefe, die mir guttun. Denn dann weiß ich, dass meine Mühe nicht umsonst war, dass ihr das verstanden habt.

Einmal hat eine Schülerin mir einen Brief geschrieben. Das Mädchen schrieb: „Ich bin allein zuhause. Mein Vater und meine Mutter arbeiten, und ich habe alles. Was ich mir wünsche, kaufen mir meine Eltern. Und ich weiß nicht mehr, was ich mir wünschen soll. Aber als ich Ihre Geschichte hörte, da sagte ich mir, ich will nichts mehr. Ich bin frei, es ist kein Krieg, was will ich noch mehr.“

Meine Verantwortung

Ich fühle mich verpflichtet, über diese Zeit zu sprechen. Ich sage immer, im Namen derer, die das Lager nicht überlebt haben, aber auch im Namen derer, die noch leben, aber nicht imstande sind nach Deutschland zu kommen.

Meine Schwester ist nur ein Jahr älter als

chora. Ludzie, którzy przeżyli obóz, są poranieni psychicznie i fizycznie. Ci ludzie są często bardzo chorzy. Podjęłam decyzję, że tak długo, jak będę mogła, będę przyjeżdżać do Niemiec i chodzić do szkół, które mnie zapraszają i chcą mnie słuchać. Jeśli ktoś nie chce mnie słuchać, nie mam nic przeciwko temu, żeby sobie poszedł. Nie wolno nikogo do niczego zmuszać.

Zmuszono mnie do mówienia po niemiecku. Dlatego nienawidziłem tego języka. Nie, nigdy nie wolno nikogo do niczego zmuszać. Ale kiedy szkoły zapraszają mnie i chcą wysłuchać mojego wystąpienia, zawsze bardzo się cieszę, choć nie jest to dla mnie łatwe.

Dziękuję, że tak długo mnie słuchaliście. Czuję, że uwalniacie mnie od ciężaru, który ciąży nade mną od tak dawna. Dla mnie to też jest dobre. Dziękuję za to.

Pierwszy raz poszłam do kina, gdy miałam 18 lat.

Po wojnie musiałam skończyć polską szkołę podstawową, żeby nauczyć się poprawnie pisać po polsku. Potrafiłam dobrze pisać tylko po niemiecku.

Zawsze powtarzam młodym ludziom: nie wymagajcie od życia zbyt wiele. Cieszcie się, że macie takie młodzieńcze czasy.

Doceniajcie to. Zróbcie wszystko, aby nigdy więcej nie zdarzyło się, że jedna osoba zrobi coś takiego drugiej. Wszyscy możecie wiele zrobić. Nie czekajcie na innych. Zacznijcie od siebie. Zawsze powtarzam: nie czekajcie,

ich und kann auch Deutsch. Sie ist so krank. Die Leute, die das Lager überlebten, sind seelisch und körperlich verwundet. Diese Menschen sind oft so krank. Ich habe mir vorgenommen, so lang wie es geht, werde ich nach Deutschland kommen, und in die Schulen gehen, die mich einladen und mich hören wollen. Wenn mir einer nicht zuhören will, habe ich nichts dagegen, dass er weggeht. Man darf niemand zu etwas zwingen.

Ich wurde gezwungen Deutsch zu reden. Deshalb hatte ich einen Hass auf diese Sprache. Nein, man darf niemanden zu etwas zwingen. Aber wenn die Schulen mich einladen und das hören wollen, bin ich immer sehr froh, obwohl das nicht leicht für mich ist.

Ich danke euch, dass ihr mir so lange zugehört habt. Ich spüre, dass ihr mir den Ballast, der mich so lange bedrückt hat, abnehmt. Das tut mir auch gut. Ich danke euch dafür.

Als ich das erste Mal im Kino war, war ich 18 Jahre alt.

Nach dem Krieg musste ich die polnische Grundschule beenden, um polnisch richtig schreiben zu lernen. Ich konnte nur gut Deutsch schreiben.

Ich sage immer zu den jungen Leuten: verlangt nicht zu viel vom Leben. Seid glücklich, dass Ihr solche Jugendzeiten habt. Schätzt das. Macht alles, dass es niemals mehr dazu kommt, dass ein Mensch dem anderen so etwas tut. Ihr könnt alle viel machen. Wartet nicht auf andere. Fangt an von euch aus. Ich sage

aż rząd zrobi coś za was. Zacznijcie od siebie. Zawsze mówię: kochajcie swojego przyjaciela, ale starajcie się też kochać swojego wroga. Jest to trudne, ale spróbujcie. Nie nienawidźcie innych ludzi. Bądźcie tolerancyjni.

Życzę wam wszystkiego najlepszego. Pozdrówcie rodziców i dziadków.

Tak, tak właśnie było.

immer: wartet nicht auf die Regierung, ob jemand etwas für euch tut. Fangt an. Ich sage immer: liebt den Freund, aber versuche auch den Feind zu lieben. Das ist schwer, aber versucht es. Habt keinen Hass auf andere Menschen. Seid tolerant.

Alles Gute wünsche ich euch. Grüßt eure Eltern und Großeltern.

Ja, so war es.

Tablica pamiątkowa na terenie byłego obozu pracy w Potulicach z 2002 r: "Pamięci mężczyzn, kobiet i dzieci z hitlerowskiego obozu w Potulicach, którzy cierpieli i zginęli za Polskę w latach 1941-1945".

Gedenktafel am Ort des ehemaligen Arbeitslagers Potulice von 2002:
„Zur Erinnerung an die Männer, Frauen und Kinder des nazistischen Lagers in Potulice, die zwischen 1941 und 1945 für Polen gelitten haben und gestorben sind."

Tłumaczenie niemieckich podziękowań przez studentów

Droga pani Kozak,
Dziękuję, że poprzez swoje poruszające opisy dała nam Pani głębokie wrażenie bardzo mrocznego czasu, którego na szczęście nie musieliśmy doświadczyć i którego nie potrafimy sobie wyobrazić.

Droga pani Kozak,
my 12 FOI-2 bardzo dziękujemy za osobisty i poruszający wykład. Pani misja jest bardzo cenna i ważna dla przyszłości świata, aby młode pokolenie wiedziało, co to znaczy wojna i aby nigdy więcej się nie powtórzyła. Pokazała nam Pani również, że żyjemy w pięknych czasach i musimy je doceniać. Dziękujemy, że mimo obaw przed pierwszym wykładem, wybrała Pani się w tę drogę. Życzymy Pani wszystkiego najlepszego, zdrowia i dużo siły.

Dziękujemy, że była Pani tutaj, aby podzielić się z nami swoim życiem.

Doceniam, że opowiedziała nam Pani o złych czasach.

Klasa 11 BG-1 dziękuje bardzo za opowiedzenie nam o swoim trudnym czasie wojny. Słuchaliśmy uważnie i jesteśmy wdzięczni, że Pani podzieliła się z nami swoimi doświadcze niami. Z wyrazami szacunku

Bardzo dziękuję za ciekawe spojrzenie na tamte czasy.

Danksagungen deutscher Schüler*innen

Die Klasse 11 BG-1 dankt Ihnen vielmals dafür, dass Sie uns von Ihrer schweren Zeit im Krieg erzählt haben. Wir lauschten Ihnen gespannt und sind dankbar, dass Sie Ihre Erfahrungen mit uns geteilt haben.

Vielen Dank für die interessanten Einblicke, die Sie uns in die damalige Zeit gegeben haben.

Vielen Dank für Ihr Kommen und alles Gute für die Zukunft.

Spotkania z uczniami Hochtaunusschule Oberursel 2008 – 2011

*Begegnungen mit Schüler*innen der Hochtaunusschule Oberursel 2008 - 2011*

Krystyna Kozak w maju 2010 roku w sali 0.109/0.112 Hochtaunusschule Oberursel, gdzie odbyła się większość rozmów z uczniami. Po jej prawej stronie Peter Appelrath, nauczyciel elektrotechniki i nauk politycznych, po lewej Marc Fachinger, redaktor tej książki i ówczesny nauczyciel religii w szkole Hochtaunusschule.

Krystyna Kozak im Mai 2010 in Raum 0.109/0.112 der Hochtaunusschule Oberursel, wo die meisten Gespräche mit den Schüler*innen stattfanden. Rechts von ihr Peter Appelrath, Lehrer für Elektrotechnik und Politikwissenschaft, zu ihrer Linken Marc Fachinger, Herausgeber dieses Buches und damals Religionslehrer an der Hochtaunusschule.

Odniesienia i źródła

Adler, H.G.: Theresienstadt 1941-1945. Das Antlitz einer Zwangsgemeinschaft, Göttingen: Wallstein ³2018.

Aschkewitz, Max: Zur Geschichte der Juden in Westpreußen, Johann Gottfried Herder-Institu: 1967

Becker, Jurek: Jakob der Lügner, Rostock: Hinstorff ⁶1982.

Der Große Brockhaus. Band 7, Leipzig: Brockhaus ¹⁵1930.

Grabowska, Małgorzata; Panius, Katarzyna; Kępski, Łukasz; Mansholt, Malte: Potulice – ein Ort, zwei Erinnerungen. Geschichtswerkstatt Europa, Oldenburg – Toruń: 2009.

Hirsch, Helga: Rache ist eine Krankheit. Im Lager Potulice litten zuerst Polen, nach 1945 Deutsche, in: DIE ZEIT, 37/1998, vom 3.9.1998.

Polski Związek Byłych Więźniów Politycznych Hitlerowskich Więzień i Obozów Koncentracyjnych (Polnischer Verband der ehemaligen politischen Gefangenen der nationalsozialistischen Gefängnisse und Konzentrationslager): Brief vom 6. Januar 2005 an den Verein zur Völkerverständigung zwischen Mittel-, Süd- und Osteuropa, 12161 Berlin mit dem Betreff: Generalplan Ost im Zusammenhang mit dem Schreiben der Stiftung Deutsch-Polnische Aussöhnung in Warschau.

Steinert, Johannes-Dieter, Deportation und Zwangsarbeit. polnische und sowjetische Kinder im nationalsozialistischen Deutschland und im besetzten Osteuropa 1939 – 1945, Essen: Klartext 2013.

W przypadku innych zdjęć nie udało się ustalić właścicieli praw autorskich. Proszę o odpowiednie referencje.

Literatur- und Quellenhinweise

IPNtv Bydgoszcz - Obóz przesiedleńczy i pracy przymusowej Potulitz. Polnischer Dokumentarfilm der Delegation des Instituts für Nationales Gedenken in Bydgoszcz, 2018

Kamińska, Monika: POTULICE, tytuł: "Potulice 1941 - 1945". 2012.

Samselski, T. (red), Żywi i martwi o hitlerowskim obozie Potulice (1941–1945), , Bydgoszcz 2000

Telewizja Asta: Reporterzy: Kazimierz Bembnista. Jak przeżyłem obóz w Potulicach (Wie ich das Lager in Potulice überlebte)" 2019.

Zdjęcia dokumentalne obozu w Potulicach pochodzą z tego reportażu Telewizji Asta - Die dokumentarischen Fotos des Lagers Potulice sind z.T. der Reportage von Telewizia Asta entnommen, und den Websiten:

http://www.anti-defamation.pl

https://tygodnikbydgoski.pl/wydarzenia/oboz-pracy-w-potulicach-tu-ginely-przede-wszystkim-dzieci

http://www.muzeum.naklo.pl

Worotyński, Wojciech: Casus „Potulice". Polnischer Dokumentarfilm 1999.

Bei weiteren Fotos konnten die Rechteinhaber nicht ermittelt werden. Ich bitte um entsprechende Hinweise

Dodatek – Anhang

https://www.straty.pl/pl/szukaj
Instytut Pamięci Narodowej - Institut für Nationales Gedenken
Wyszukiwanie osób represjonowanych - Suche nach unterdrückten Personen

Wyszukiwanie osób represjonowanych

Nazwisko:

Imię:

Nazwisko panieńskie:

Imię ojca:

Imię matki:

Miejsce urodzenia:

Data urodzenia

dzień: miesiąc: rok

Data śmierci

dzień: miesiąc: rok

SZUKAJ   CZYŚĆ

The Holocaust in occupied Poland
Extermination camp
Main city with ghetto
Major concentration camp
LITHUANIA
USSR
1 Sep 39
Wilno
Ponary
Reichs-
kommissariat
Ostland Dec 41
Stutthof
Provinz
Ostpreußen
Reichsgau
Danzig-Westpreußen
Soldau
Grodno
Bydgoszcz
Białystok
Nowogródek
Potulice
Treblinka
USSR 1939
Chełmno
Ciechanów
Narew
Bronna Góra
Reichsgau
Wartheland
Warsaw
Bezirk Bialystok
22 Jul 41
GERMANY
Sieradz
Majdanek
Brześć
Pińsk
Łachwa
Łódź
1941
Provinz
Nieder-
schlesien
Radom
Sobibór
Reichs-
kommissariat
Częstochowa
Kielce
Lublin
Kowel
Ukraine 1 Sep 41
Gross-
Rosen
Provinz
Oberschlesien
Generalgouvernement
(POLAND)
Trawniki
Łuck
Będzin
Bełżec
Połonka
Kraków
Płaszów
Lwów
Tarnopol
Auschwitz-Birkenau
Zasław
Distrikt Galizien
1 Aug 41
CZECHOSLOVAKIA
until
29 Sep 1938
Stanisławów
Hung. 1939
USSR 1940
1938 sept. 29
Danube
1937
Hungary
Hung. 1940